부자 아빠의
성공 DNA

부자아빠의 성공 DNA

김진실 지음

두드림미디어

흙수저 아빠는 어떻게 300억 원 부자가 되었을까?

엄마와 아빠는 서로가 가정 형편이 어려웠을 때 결혼하셨다. 결혼할 당시, 엄마가 다니던 회사에서 대출을 받아 간신히 전세자금을 마련해 집을 구할 수 있었다. 아빠는 그 당시 마땅한 일자리조차 없었다고 한다. 아빠의 주머니에는 300만 원밖에 없었고, 결혼 후 시작한 일은 학습지 선생님이었다. 학습지 선생님으로 시작했던 아빠는 어떻게 지금의 부를 이루고 성공할 수 있었을까? 도대체 아무것도 가진 것 없이 시작했던 흙수저 아빠는 어떻게 300억 원을 가진 부자의 자리에 오르게 되었을까? 당연히 아빠는 그냥 부자가 되지 않았다. 그냥 성공하지 않았다. 아빠가 가진 열정과 긍정적인 마인드가 지금의 300억 원 자산가의 자리에 오르게 만들어줬다.

- 21살, 처음 시작해본 영업에서 간절함으로 100건이 넘는 대량 주문을 연달아 따내다
- 학습지 선생님으로 공장에서 일하는 것의 두 배 넘는 수익을 얻다
- 32살, 800명이 넘는 사람들이 모인 자리에서 수많은 강연을 뛰다
- 한 달 만에 보험 100건 이상을 계약해 전국 연도 대상 은상을 수상하다
- 주식으로 거의 모든 재산 잃었지만, 깨달음을 얻고 다시 일어서다
- 월 1,000만 원 이상을 벌던 보험 시장이 레드오션이 되자, 빠르게 탈출해 새로운 길을 개척하다
- 새롭게 시작한 곤충사업으로 3개월 만에 전국에서 손꼽히는 매출 왕이 되다
- 독서를 통한 깨달음으로 부동산 투자를 시작하다.
- 1억 원의 투자금으로 5년 만에 300억 원의 자산가가 되다

아빠에게는 이렇듯 무궁무진한 엄청난 경험이 있다. 이런 다양한 경험은 아무에게나 일어나는 흔한 일은 아니다. 아빠가 이런 일들을 그냥 이뤄냈을까? 전혀 아니다. 아빠에게는 이런 일을 해낼 수 있는 아빠만의 뜨거운 열정과 간절함, 그리고 어떤 어려움도 받아들이고 이겨낼 수 있는 강한 마인드가 있었다. 나는 대학을 졸업한 후, 3년 전부터 아빠와 함께 일하면서 아빠가 하는 일들을 가까이에서 체험하고 있다. 그리고 아빠는 지금도 무궁무진한 일들을 만들어가고 있다. 사람을 살리고, 변화시키고, 꿈과 희망을 불어넣는 일을 하고 계신다. 20대의 어린 나이에 내가 책을

내는 일에 도전하게 된 것도 아빠의 이런 도전적인 마인드에 영향을 받았기 때문이다. 나는 내 또래의 사람들이 생각조차 할 수 없는 생각을 하고 있고, 내 나이에 할 수 없다고 생각했던 일들에 도전하고 있다. 아빠는 나를 넘어서 함께 일하는 직원들, 아빠가 만나는 고객들, 그리고 아빠가 몸담은 여러 공동체에도 꿈과 희망의 도전을 전하고 있다. 도대체 어떤 마인드와 도전이 사람을 이렇게 바꿀 수 있을까?

모든 것은 생각에서부터 결정된다

어느 날, 아빠가 가족들 앞에서 이야기를 던졌다.

"나 올해 책 써서 출간할 거야."

갑자기 책이라니. 나머지 가족들도 나와 같은 생각이었다.

'아빠가 책을 낸다구?'

아빠는 오랫동안 공부한 박사나 석사 또는 교수도 아니고, 깊은 연구를 해온 연구원도 아니고, 그렇다고 전문직에서 일해온 분도 아니었다. 아빠는 그저 조그만 회사를 운영하고 있는 평범한 사장이었다. 나는 한숨을 내쉬며 생각했다.

"에휴, 우리 아빠 또 시작이네…. 생각하면 다 되는 줄 아나 봐. 책은 아무나 내나, 하하."

그런데, 한 해가 지나 아빠는 책을 한 권을 출간하셨고, 그다음 해에 한 권을 더 출간하셨다.

성경 말씀 중 유명한 다윗과 골리앗의 이야기가 있다. 블레셋 사람들이 이스라엘 사람들을 공격했다. 블레셋 사람 중 골리앗은 3미터에 육박하는 키에 거대한 덩치를 가지고 있는 사람으로 50킬로그램이 넘는 엄청 무겁고 단단한 갑옷을 입고 창과 커다란 방패로 무장했다. 골리앗은 말했다

"너희들 중 가장 강한 사람이 나와 싸워 이기면 우리 블레셋 군대는 이스라엘군대의 노예가 되어주마! 내가 이기면 너희들이 우리들의 노예가 되거라."

이스라엘 사람들은 싸울 생각은 전혀 하지 않은 채 두려움으로 가득 찼다. 그들의 머릿속에서는 모두 '골리앗이 너무 커서 이길 수 없다(Too big to beat)'는 생각만 들어 아무도 나서지 않았다. 그때 군대에 있는 형에게 음식을 갖다주려고 들린 다윗이 골리앗의 조롱을 듣게 되었다. 어린 다윗은 그저 양치기밖에 할 줄 모르는 아이였다. 그런데도 다윗은 하나님을 모욕하는 골리앗의 말을 듣고 자신이 골리앗과 싸우겠다고 나섰다. 이스라엘 왕은 어린 다윗에게 무장이라도 하고 가라고 갑옷을 줬지만 거추장스럽다고 여긴 다윗은 물매와 돌멩이 하나만 들고 나섰다. 다윗은 '골리앗이 너무 커서 돌멩이가 안 맞을 리 없다(Too big to miss)'고 생각하며 하나님이 자신을 보호해주실 거라 믿고 당당히 골리앗에게 맞서 싸웠다. 골리앗은 한눈에 보기에도 약한 다윗이 자신과 싸우려 하는 것을 보고 우스워하며 조롱했다. 하지만 결과는 반전이었다. 다윗이 던진 돌멩이가 골리앗의 이마에 적중했고 골리앗은 그대로 땅에 쓰러졌다.

다윗을 승리로 이끈 비결은 바로 생각의 차이다. 이스라엘 백성은 '할

수 없다'고 생각했고, 다윗은 '할 수 있다'고 생각했기 때문이다. 이스라엘 백성은 골리앗이 커서 이길 수 없다고 생각했지만 다윗은 골리앗이 커서 돌로 맞추기 좋다고 생각했다. 이것이 바로 '생각의 한 끗 차이'다. 그리고 그 생각은 성공과 실패의 갈림길이 된다. '할 수 없다'고 생각하면 내가 할 수 없는 이유를 수만 가지 만들 수 있다. 하지만 '할 수 있다'고 외치면 할 수 있는 이유를 수만 가지 만들어낼 수도 있다. 아빠가 책을 쓴다고 했을 때, 나는 아빠가 책을 쓸 수 없는 이유를 수만 가지 만들어냈다.

'석박사도 아니고, 교수도 아니고, 아빠는 지방대 출신이고, 글을 써본 사람도 아니고…'

하지만 내가 할 수 없는 이유를 생각하는 동안 아빠는 할 수 있는 이유를 만들어냈다. 아빠는 자신만의 독특한 경험들을 적어보고, 여러 책을 읽으며 사람들에게 도움이 될 만한 정보들을 어떻게 담을지 고민하고, 출판사에 연락해 미팅을 하면서 계속해서 할 수 있는 이유들을 찾았다. 그리고 결국 엄청난 반전의 결과를 이뤄냈다. 반면, 할 수 없는 이유를 만들어냈던 나에게 남은 건 아무것도 없었다. 하지만, 이를 통해 나에게 변화가 시작됐다. 나의 부끄러운 생각들을 돌아보며 아빠가 이뤄낸 목표들을 바라보기 시작했고 나도 생각이 달라지기 시작했다. 모든 것은 생각에서 시작된다. 그리고 모든 것은 내가 어떻게 생각하는가에 달렸다. 모두가 이길 수 없다고 할 때 이길 수 있다고 생각의 반전을 준 다윗처럼, 모두가 비웃을 때 할 수 있는 이유들을 찾아갔던 아빠처럼 나도 생각해보려고 한다.

'나도 책 한번 써볼까?'

내가 직접 느끼고 경험한 아빠의 성공 스토리를 재미있게 여러분들에게 소개하고자 한다. 아빠의 흥망성쇠를 가장 가까이에서 겪었고, 또 어떤 마인드로 일과 가족에게 집중했는지 내가 직접 보고 느낀 이야기를 하고자 한다. 이 이야기가 성공하고 싶은 흙수저, 부자가 되고 싶은 누군가에게 희망과 도전을 심어주는 동기부여가 되길 바란다. 나 역시 부모가 된다면 우리 아이에게도 이런 마인드를 심어주고 싶고, 이러한 경험을 내 자녀와 함께 나누고 싶다. 아빠가 나에게 꿈과 희망을 불어 넣어 준 것처럼 여러분도 자신의 아이에게 또는 주변 사람들에게 꿈과 희망을 불어넣어주는 멘토가 되기를 바란다.

김진실

CONTENTS

PART 1
우리 가족의 인생 스토리

PART 2
아빠는 어떤 마인드로 일하는 거야?

PART 3
300억 원 부자 아빠가 알려준 성공 마인드

PART 1

우리 가족의 인생 스토리

아빠는 처음부터 부자가 아니었다

무(無)에서 유(有)를 창조한 아빠의 자수성가 이야기

평범한 가정의 7남매 중 막내로 태어난 아빠

아빠는 7남매 중 막내로 평범하기 그지없는 시골에서 태어났다. 아빠의 집안은 가난했다. 할아버지는 3.1 만세운동, 6.25 전쟁, 일제강점기를 겪으신 분이다. 전쟁이 무서웠던 할아버지는 나라의 부름을 피하기 위해 산속에 숨었고, 할머니와 산에 있는 나물을 캐 먹으며 초가집에서 생활하셨다. 이후 광복이 되고 할아버지와 할머니는 시장에서 도라지, 더덕 같은 산나물과 묵을 팔아 돈을 벌어오셨다. 아빠는 어렸을 때부터 100마리가 넘는 토끼를 키워 팔면서 집안의 생계를 도왔다.

아빠는 일찍 돈을 벌기 위해 공업고등학교를 졸업했다. 그리고 성인이 된 후, 바로 일을 시작했다. 고등학교를 졸업하자마자 공장에 취업했는데 공장 일은 아빠의 적성과 너무 맞지 않았다. 공장에서 같은 일을 반복하며 기계처럼 평생을 보낸다고 생각하니 앞날이 막막하기만 했다. 그래서 아빠는 공장 일을 그만두고 누나가 살고 있는 청주로 내려갔다.

처음 접해본 영업, 간절함으로 이뤄낸 기적

청주로 내려간 아빠는 누나의 식당 일을 도왔다. 어느 날, 식당 옆 빈 상가에 시계대리점이 들어왔다. 시계대리점 사장은 종종 아빠에게 심부름을 도와달라고 부탁했다. 이것저것 심부름을 도우면서 자연스럽게 시계대리점 점장님을 따라 잡무를 돕는 일을 맡았다. 어느 날 점장님이 거래처 금은방에 부족한 상품들을 채워주고 오라는 심부름을 시켰다. 금은방에서 열심히 상품을 채우고 돌아가려는데 금은방 사장님이 이제 갓 스무 살이 된 어린 청년을 보고 친절하고, 말도 진실하게 해서 믿음이 간다며 탁상시계 100개를 대량으로 주문해주셨다. 생각지도 않았던 실적에 아빠는 뛸 듯이 환호했고, 할 수 있다는 자신감을 가졌다. 당시 주문량을 가격으로 따지면 아빠의 한 달 치 월급보다도 훨씬 많았다. 시계대리점에 돌아와 점장님께 말씀드렸더니 점장님도 너무 잘했다고 칭찬해주시며 조심스럽게 말씀하셨다.

"혹시 너, 영업해보지 않을래? 며칠 지켜보았는데 오늘처럼 잘할 것 같아."

그날의 제안으로 아빠는 영업을 시작했다. 고객을 만나는 것부터 상품을 공급하는 서비스까지 현장에서 직접 배우며 익혔다. 점장님의 심부름으로 갔던 거래처에서 아빠의 한 달 치 월급보다 많은 시계를 주문하는 것을 보고 이미 아빠는 결심했다.

'이 일은 반드시 내가 해야 하는 일이다.'

아빠는 나이가 어렸지만 절실했고 간절함이 있었다. 사회 초년생으로 모든 것이 서툴렀지만 가슴속에서 뛰는 심장은 누구보다 뜨거웠다. 아빠는 점장님께 실력으로 보여주고 싶은 마음이 간절했다. 하지만 막상 영업에 뛰어들고 보니 어린 나이는 상대적으로 많이 불리했다. 보통 그곳에서 영업하는 사람들이 30~40대 어른들이었고, 스무 살 사회 초년생이 상대하기에는 너무 벅찬 야생의 현장이었다. 그러나 정말 잘해보고 싶은 간절한 마음 때문에 아빠는 밤새 잠도 이루지 못했다.

그러던 중 한 거래처의 연로한 사장님께서 이런 말씀을 하셨다.

"청년은 청년다운 모습일 때가 가장 멋있는데, 너 참 멋있다."

그 사장님은 지금처럼 밝은 모습으로 예의 있게 인사하고 간절함이 느껴지는 행동을 보여준다면 모든 거래처로부터 인정받을 것이라고 조언해 주셨다. 아빠는 그 말에 힘을 얻어 모든 거래처 사장님들께 찾아가 간절한 마음으로 솔직하게 말씀드렸다.

"사장님, 저 좀 도와주세요. 사회 첫발을 내딛는 초년생으로 처음 접하는 일인데 저희 점장님께 인정받고 싶습니다. 제가 할 수 있는 일이 거래 실적으로 보여주는 것밖에 없어서 이렇게 거래처 사장님들께 정중하게 요청드립니다."

거래처 사장님들은 어린 청년이 당돌하다고 생각하는 한편, 너무나도 간절함이 서려 있는 요청을 거부할 수 없었는지 주문을 넣어주시기 시작했다. 주문이 많아서 물건이 모자랄 정도였다. 점장님께서도 아빠에게 물어보셨다.

"도대체 무슨 일을 꾸민 거야? 이렇게 주문이 많이 들어오는 건 처음이야."

말도 안 되는 기적이 일어난 것이다. 사회 초년생의 간절함이 거래처 사장님들에게 감동을 주었고, 점장님까지 감동하게 만들었다. 그달 아빠는 누구도 깨기 힘든 실적을 거뒀다. 영업을 정말 잘하는 멘토라고 생각했던 점장님 실적의 3배가 넘는 실적을 기록한 것이다. 아빠는 그때 정확하게 느끼고 알게 되었다. 어떤 일이든 간절한 마음으로 한다면 기적도 만들어낼 수 있다는 사실을 사회에 나와서 처음으로 배울 수 있었다.

공장에서 번 돈보다 학습지 선생님으로 더 많은 돈을 벌다

아빠는 군 복무를 위해 시계대리점 일을 그만두게 된다. 그리고 전역한 후에 엄마를 만나 결혼했다. 아빠는 그 당시 중소기업에 다니고 있는 직장인이었다. 두 분은 3월에 결혼하셨는데 하필 그해에 IMF가 터졌다. 아빠가 다니던 중소기업은 경제위기를 이기지 못하고 부도가 났다. 엄마는 당시 삼성에 다니고 있었기 때문에 회사가 부도가 나지는 않았지만 얼마 지나지 않아 나를 임신해 육아휴직을 받으셨다. 60일의 육아휴직이 끝나면서 어린 나를 돌봐줄 사람이 없었기 때문에 엄마도 명예퇴직을 하게 되었다.

　당시 아빠는 평택에 살면서 함께 교회에 다니고 같이 운동도 하며 자연스럽게 친해진 분이 있었는데, 석우 집사님(가명)이다. 석우 집사님은 아빠가 다니는 중소기업이 부도가 나자, 아빠에게 학습지 선생님 일자리를 소개시켜주셨다. 당시 아빠는 교회에서 아이들을 가르치는 선생님으로 봉사하고 있었기 때문에 가르치는 일에는 자신이 있었고, 그렇게 학습지 일을 시작하게 되었다.

　처음 학습지 일을 시작했을 때 아빠는 배정받은 시간만큼만 일했다. 엄마는 갓난아이였던 나를 돌보느라 수입원이 없었고, 들어오는 수입원이라고는 아빠밖에 의지할 곳이 없었다. 하지만 그 정도 수입으로는 우리 가족이 편하게 살기에 턱없이 모자랐다. 아빠는 돈을 더 벌고자 수업을 계속 늘렸다. 아빠는 학습지 선생님으로 영업도 잘했기 때문에 많은 수업 시간을 늘려갈 수 있었다. 어느 날, 엄마가 조심스럽게 이야기했다.

　"여보, 딱 10만 원만 더 있으면 될 것 같은데…. 딱 10만 원만 더 있어도 우리 가족이 숨통을 트고 살 수 있을 것 같은데…."

　그 말을 들은 아빠는 가슴이 먹먹했다. 고작 10만 원 때문에 아등바등 살아가는 우리 가족이 너무 가여웠기 때문이다. 아빠는 모든 시간을 활용해 가능한 시간은 모두 수업으로 빽빽하게 채워 넣었다. 화장실도 참아가며 온종일 수업을 하러 뛰어다녔다. 그 당시, 학습지 한 과목에 2만 5,000원 정도였는데, 10과목이면 25만 원을 벌고 100과목이면 250만 원을 벌 수 있었다. 하지만 그중에 반은 교재비로 나갔기 때문에 100

과목을 하더라도 아빠의 수입은 120만 원 정도였다. 중소기업에서 6개월 동안 일했을 때, 아빠가 받는 월급은 80만 원대였는데, 학습지 선생님으로는 월급을 130만 원에서 140만 원 또는 150만 원까지도 벌었다. 학습지 선생님 중에서도 수입이 톱으로 손꼽혔다. 하지만 학습지 선생님으로 돈을 벌기에는 한계가 있었다. 아빠에게 주어진 모든 시간과 노력을 쏟는다 해도 가르칠 수 있는 시간의 제약이 있기 때문에 아무리 노력해도 더 큰돈은 벌 수가 없었다.

우물 안 개구리였던 아빠, 와르르 무너지다

아빠에게 학습지 선생님 자리를 소개시켜준 석우 집사님은 한 가정의 평범한 가장이자, 아빠에게는 좋은 이웃이었고, 늘 가까이서 운동하고 대화할 수 있는 분이었다. 석우 집사님의 자녀 중에는 나와 또래 친구가 있었는데 비슷한 나이대의 자녀들이 있다는 공통점이 있어 가족들이 어울려 야외소풍도 가며 자주 시간을 가졌다. 하지만 아빠는 석우 집사님이 어떤 일을 하는지 잘 몰랐고 그저 보험회사에 다니는 걸로만 알고 있었다.

어느 날, 우연치 않게 아빠는 석우 집사님의 사무실을 방문하게 되었다. 석우 집사님이 일하시는 곳은 평택 외곽에 있는 소박한 사무실이었다. 사무실에서 함께 이런저런 이야기를 나누다가 석우 집사님께서 잠깐 자리를 비우셨다. 사무실을 둘러보던 아빠는 책상 위에 그분의 급여 명세서가 놓여 있어 호기심에 슬쩍 보게 되었다. 순간 아빠는 그 자리에서 얼어버렸다. 급여 명세서에 적힌 숫자는 아빠가 받고 있는 월급의 10배가 넘는 숫자였기 때문이었다. 아빠는 눈을 비비며 다시 찬찬히 명세서를 확인했다. 명세서를 잡고 있는 아빠의 손이 점점 떨렸다. 심장은 쿵쿵 뛰기 시작했고, 얼굴이 빨갛게 달아올라 표정 관리가 되지 않았다. '지금까지 내가 보아왔던 이분이 이렇게 대단한 사람이었던 것을 왜 진작에 몰랐을까?', '이런 엄청난 수입이 있으면서도 티를 내지 않고 어떻게 겸손할 수 있을까?', '어떻게 이런 높은 연봉을 받을 수 있을까?' 등 여러 가지 생각이 머릿속에 가득한 동시에, 절망감과 자괴감이 밀려왔다. 사무실로 들어온 석우 집사님께는 급한 일이 생겨 먼저 가보겠다고 말하고 아빠는 서둘러 짐을 챙겨 그곳을 빠져나왔고, 밖으로 나오자마자 이유를 알 수 없는 눈물이 흘러내리기 시작했다.

그날 밤, 아빠는 잠을 한숨도 이룰 수가 없었고 밤을 꼬박 새웠다. 알 수 없는 눈물이 계속 흘러내렸다. 초라한 자신의 처지를 알게 된 비관의 눈물인지, 신세계를 발견한 기쁨의 눈물인지는 알 수 없었다. 아빠는 자신을 우물 안 개구리라고 여기게 됐다. 아빠는 석우 집사님을 그저 평범한 사람이라고 생각했다. 아빠보다 더 일찍 퇴근하고, 더 많은 여가를 보내는 석우 집사님의 모습을 보면서 '저분은 돈은 적게 벌어도 행복하게 사는 사람이구나'라고만 생각했던 것이다.

아빠는 주어진 시간을 목이 빠져라 일해서 시간을 더 이상 만들 수 없을 정도로 뼈 빠지게 일했는데, 석우 집사님은 적은 시간을 일하고도 훨씬 더 많은 수입을 버는 걸 보면서 자신이 보이는 것만 보았던 우물 안 개구리였음을 뼈저리게 느낄 수 있었다. 혼란스러운 마음과 많은 생각 속에서 아빠는 한 가지 분명한 사실을 깨달았다. 이 상태로 자신을 내버려두어서는 안 되겠다는 간절한 마음이었다.

그다음 날, 아빠는 바로 그분께 연락해서 다짜고짜 만나자고 했다. 아빠는 석우 집사님께 자신은 반드시 성공해야 할 이유가 있고, 반드시 성공할 것이라는 굳은 의지를 말씀드렸다. 그리고 보험으로 성공할 수 있는 방법을 가르쳐달라고 간절한 마음으로, 정중하게 부탁드렸다. 그런 진심이 통했는지 석우 집사님은 도와주겠다고 하면서 함께해보자고 하셨다. 당시 아빠는 자신이 이미 억대 연봉자가 되었다고 직감했다. 다니던 학습지 회사 일은 일사천리로 과감하게 정리했고 바로 보험 일을 시작하게 되었다.

어떠한 고통이나 시련도 감내하겠다는 용감한 의지는 '간절함'에서 나온다

아빠는 제대로 된 세일즈를 해본 경험이 없었고, 보험에 대해서는 더더욱 아무것도 몰랐다. 하지만 아빠에게는 간절함과 의지가 있었다. 내 인생을 업그레이드할 수만 있다면 어떠한 고통이나 시련도 감내하겠다는 강한 의지가 있었다.

아빠는 성공한 사람들의 습관을 잘 따라 했다. 보험 세일즈를 시작하면서는 석우 집사님이 말하는 내용과 말투, 행동하는 방식, 생각하는 방법을 완벽하게 외웠다. 반복하고 반복해서 아빠의 것이 될 때까지 연습했다. 그 연습을 토대로 아빠는 직접 발로 뛰어다니며 여기저기 영업을 했다. 너무나도 간절했기 때문에 거절을 당하더라도 자신의 꿈과 스스로에 대한 확신을 가지고, 끊임없이 아빠를 벼랑 끝에 세우며 도전했다. 그 결과, 6개월 만에 석우 집사님과 비슷한 실적을 만들어냈다. 그해, 아빠는 동부생명 연도대상 은상을 수상했고 억대 연봉에 도달했다. 그리고 결혼하고 3년 만에 꿈에 그리던 34평 아파트를 구매했다.

나에게 맞는 옷 찾기
하고 싶은 걸 하자

보험 시장에서 나와 새로운 사업을 시작하다

아빠는 기업에 찾아가 교육 및 강의 시간을 이용해 단체를 대상으로 보험상품을 소개하는 브리핑보험을 주로 했다. 그런데 어느새부터인가 지인 영업, 고객과의 관계 구축이 중요해지는 관계보험이 더 각광받는 보험 시장 환경으로 바뀌면서 보험 일에 스트레스를 받았다. 그러던 차에 지인으로부터 새로운 사업 제의가 들어왔다. 무선휴대폰 사업이었는데, 아빠는 그 사업을 정말 잘할 수 있을 거라는 자신이 생겼다. 그렇게 아빠는 보험 시장에서 나와 새로운 사업에 뛰어들었다.

아빠는 새로운 사업에서 크게 성공했고 독보적인 위치가 되었다. 한마디로 날아다녔다고 해야 할까? 정말 많은 고객을 만나고 많은 계약을 이루어냈다. 그 결과, 아빠는 엄청난 실적으로 높은 직급까지 올라가셨고,

여기저기 많은 강연을 다니셨다. 보험 영업을 하면서 키웠던 브리핑 실력에 더해 수많은 강연 영상 시청과 많은 동기부여 책을 읽고 공부하며 강연 실력을 키우셨다. 그 결과, 800여 명을 수용하는 강연장에 300회 정도의 강연을 다닐 만큼 자주 강연을 뛰어다니셨다. 당시 아빠의 나이는 서른두 살이었는데, 젊은 나이에 남들이 꿈도 꿀 수 없을 정도로 화려한 장밋빛 인생을 보내고 있었다.

여러 사업의 부진을 겪다

그러던 어느 날, 한창 잘나가고 있던 사업이 대표의 비리로 인해 순식간에 망하게 됐다. 당시 직원으로 속해 있던 아빠도 자연스럽게 사업을 접게 되었다. 아빠는 그 이후에 여러 새로운 사업을 찾아 다녔다. 하지만 잘되지 않았고, 결국에는 모아둔 돈도 거의 남지 않게 됐다. 계속되는 사업 부진으로 우리 가족은 돈이 부족했고, 결국 살고 있던 새 아파트 꼭대기 층에서의 삶을 내려놓아야 했다.

사업을 정리하면서 아빠는 서울에서의 떠도는 생활을 정리하고 싶어 했다. 서울로 올라가 사업을 시작하면서 교회에서 하던 봉사들을 다 내려놓았는데, 점점 신앙과는 멀어지고 멋대로의 삶을 살고 있었던 것이다. 불현듯 하나님께서 아빠의 마음을 두드리시는 소리가 들렸다. 계속해서 하나님 말씀이 머리에 스치면서 다시 교회 생활로 돌아가고 싶다는 생각이 아빠의 마음을 계속 울렸다.

성경에서 야곱이 형 에서를 크게 속였고, 자기를 죽이려는 형으로부터 수년간 도망치는 생활을 했다. 야곱은 스스로의 삶을 죄악과 위경의 올가미로 묶어버렸다. 그러던 중, 하나님께서 벧엘로 돌아가 회개하며 스스로 정결한 삶을 살라고 말씀하셨고, 야곱에게 엄청난 복을 주고 큰 민족의 조상이 되게 만들어주시겠다고 약속해주셨다. 그 말씀 장면이 아빠의 머릿속을 스쳐 지나갔다. 아빠는 엄마에게 이사가고 싶은 곳이 있는지 물어보았고, 엄마는 '교회가 가까운 곳, 교회에 걸어갈 수 있는 곳으로 이사를 가고 싶다'고 했고, 우리 가족은 교회 가까운 곳으로 이사를 가게 되었다.

부모님께서 이사 가기 전에 동생과 나에게 우리가 앞으로 살아야 할 집을 구경시켜주었다. 귀신이 나올 것 같고, 허름하고 곧 쓰러질 것 같은 오래된 저층 아파트였다. 집수리도 오랫동안 안 했는지 곰팡이가 가득했다. 어렸던 나는 새 아파트의 꼭대기 층에 살았던 우리가 왜 허름한 아파트로 이사를 가야 하는지 도무지 이해되지 않았다. 당연한듯 누렸던 깨끗한 집과 환경을 떠나 귀신이 나올 것 같은 복도식 저층 아파트에 곰팡이가 가득 핀 방에서 산다고 생각하니 너무나도 무서웠다. 이사 갈 집을 보고 난 후, 집으로 돌아오는 차 안에서 운전하는 아빠에게 얼굴을 바짝 대며 아빠 귀에 조심스럽게 속삭였다.

"아빠…, 이사 안 가면 안 돼?"

아빠와 엄마는 내 목소리를 듣고도 고개를 돌리지 못했다. 그리고 아무런 대답도 하지 않으셨다. 그저 아빠와 엄마의 얼굴에는 소리 없는 눈물만 뚝뚝 흘렀다. 내가 혹시 잘못 말한 건가 싶어서 나는 슬그머니 뒷자리에 앉아 조용히 창밖만 바라보았다. 그렇게 우리는 얼마 지나지 않아 이사를 갔다.

아빠, 다시 직장 생활을 하다

"여보, 그냥 직장 생활을 하면 안 돼? 제발 회사에 다녀줘."

아빠의 계속된 사업 실패로 인해 수입은 불안정했고 엄마는 아빠가 안정적인 직장을 다녔으면 좋겠다고 부탁했다. 항상 프리랜서로 일하던 아빠는 엄마의 부탁에 못 이겨 플라스틱 알갱이를 만드는 회사에 들어갔다. 아빠는 자재구매관리 팀에서 일하게 되는데 그렇게 시작한 직장 생활에서 감옥 생활이 시작되었음을 직감했다. 정해진 시간에 출근해 반복되는 작업을 하며 똑같이 밤늦게 퇴근하고 피곤에 찌든 채로 집에 와 잠을 자고, 다시 아침 일찍 일어나 출근하는 삶을 반복했다. 매월 1,000만 원씩 벌어오던 아빠는 월급 170만 원을 받기 위해 원하지 않는 일을 반복해야 한다고 생각하니 눈앞이 깜깜해졌다. 쳇바퀴처럼 굴러가는 똑같은 일상을 계속하며 앞으로의 삶을 살아야 한다고 생각하니 '이건 내가 꿈꾸는 행복한 인생이 아니야'라고 마음 속에서 계속해서 중얼거리며 하루하루를 버텨나갔다.

펄럭펄럭 세상을 자유롭게 날던 '날개가 꺾여버린 독수리'

'너무 하기 싫다….'

직장 생활을 하는 아빠의 심정은 정말 하기 싫은 일을 억지로 버티는 심정이었다. 아빠의 모습은 마치 자유롭게 날아다니던 독수리가 날개가 꺾여 날지 못하고 총총총 뛰는 것 같았다. 그 모습을 본 아빠의 주변 사람들은 '보는 내가 답답하다'며 이런 말을 건넸다.

"형님, 형님이 왜 직장 생활을 해요? 맨날 밖으로 돌아다니며 일하던 사람이 어떻게 그런 일을 계속하고 있어요? 정말 형님이랑 어울리지 않아 보여요."

"양구씨, 지금 양구씨를 보면 답답해 보여요. 정말 행복하지 않아 보여요."

직장 생활을 하기 전 아빠는 항상 사장님, 회장님들을 만나면서 브리핑을 하고 컨설팅을 했다. 정말 많은 사람들 앞에서 사업설명도 하고, 동기부여 강연을 하면서 아빠는 독수리 같은 날개를 커다랗게 펼치며 하늘 높이 자유롭게 날아다녔다. 그랬던 사람이 갑자기 공장에 갇혀 직장 생활을 한다니 아빠와 정말 어울리지 않는 일이라고 주변에서도 계속 이야기했다. 그래도 아빠는 아무런 희망도 꿈도 없이 그냥 직장을 다녔다. 그러던 중, 번뜩 이런 생각이 머릿속에 박혔다.

'사람이 꿈을 잃어버리면 죽는구나. 사람이 목표가 없으면 죽을 수도 있겠구나. 그래, 내가 하고 싶은 일을 해야 해. 내가 좋아하는 일을 해야 해!'

안 맞는 옷부터 벗어버리다

아빠는 두 달 만에 직장을 그만두었다. 엄마에게는 그 정도 월급 가지고는 살 수 없을 것 같아 다른 직장을 알아보겠다고 하셨다. 그렇게 플라스틱 알갱이 만드는 회사를 그만두었다. 이곳저곳 회사를 알아보던 중, 보험 영업 경력을 알아보고 차장급으로 대우해주겠다는 회사가 있어 다시 한번 직장 생활을 하게 되었다. 처음 다녔던 플라스틱 알갱이 만드는 회사는 연봉이 2,000만 원이었는데 그곳은 2,500만 원 정도였다. 그때 당시 2,500만 원도 적지 않은 연봉이었다. 차장이면 보통 45세 정도가 되어야 하는데 그때 아빠의 나이는 불과 35세였다. 그 회사에 다니는 사람들에게 어린 아빠의 등장은 굉장히 파격적이었다. 하지만, 출근을 하고 지내보니 역시나 거기도 다른 곳과 다른 게 없는 쳇바퀴 도는 직장인의 삶이었다. 아침 8시에 출근해 밤 11시까지 일하는 곳이었다. 밤 10시가 되어도 아무도 퇴근할 생각을 하지 않고, 야근이 당연시되는 곳이었다. 인생의 대부분을 직장에서 보내야 하는 감옥과 같은 생활을 반복해야 한다고 생각하니 '이렇게 하다가는 내가 정말 죽을 수도 있겠다'라는 생각이 미친 듯이 아빠의 머릿속을 울렸다. 아빠는 노동 수입으로는 큰돈을 벌 수 없다는 학습지 선생님 시절의 깨달음을 기억하면서 하루 벌어 하루 먹는 생활을 지속하고 싶지 않아 결국 3일 만에 퇴사했다.

하고 싶은 것, 좋아하는 것, 자신 있는 것, 가장 나다운 것을 찾다

아빠는 '직장 생활은 더 이상 희망이 없다'는 생각에 계속 방황했다. 무엇을 해야 할지 고민에 빠져 있었다. 그러던 어느 날, 보험 영업 일을 같이 하셨던 석우 집사님에게 전화가 왔고, 이사한 우리 집에 찾아오셨다.

"양구씨, 우리 함께 다시 보험 시작해보는 건 어때요? 예전에 양구씨 보험 정말 잘했잖아. 이번에 새로운 상품이 나왔는데 이건 양구씨가 정말 잘할 수 있을 것 같아. 꼭 한번 다시 생각해봐요."

석우 집사님은 아빠와 한참을 이야기한 뒤 돌아가셨다. 가시는 길에 나와 동생에게 용돈도 챙겨주셨다. 애들 용돈까지 챙겨주는 집사님의 모습에 엄마도 살짝 놀라셨다. 아빠는 곰곰이 생각했다.

'보험은 다시 하고 싶지 않은데…, 그렇다고 직장 생활을 하는 건 더 아닌 것 같아.'

그렇게 깊은 고민에 빠져 있다가 결국 보험을 다시 시작해보기로 결정했다. 그 이유는 한 가지였다. 바로 사람에 대한 믿음이었다. 아무리 보험 판매 일이 하기 싫어도 석우 집사님에 대한 믿음이 있었다. 석우 집사님과 함께라면 당시에 처한 현실이 더 바닥이 되지는 않겠다라는 확신이 있었다. 혼자 보험을 다시 시작했더라면 굉장히 어려웠을 텐데 멘토가 있기 때문에 열심히 따라만 한다면 반이라도 따라갈 수 있을 거라는 믿음이 있었다. 아빠는 다시 한번 큰 포부를 가지며 제대로 열심히 해보자고 마음먹고 보험을 시작하게 되었다.

보험 일을 다시 시작한 후부터 아빠는 비로소 자신의 방향을 찾았다. 그동안 맞지 않은 옷을 억지로 입으려다 보니, 아빠는 숨을 쉴 수 없을 만큼 답답해했다. 그 모습을 바라보는 나도 아빠가 입은 옷이 너무나 어울리지 않아 보였다. 하지만 보험을 시작하고 프리랜서로 여기저기 자유롭게 뛰어다니며 즐겁게 일하는 모습을 보면서 아빠가 그제서야 자신다운 모습을 찾아가고 있음을 느꼈다.

아빠는 가족들에게 이 말을 자주 하셨다. "진정으로 나다운 일을 할 때야 비로소 내가 숨을 쉴 수 있는 것 같아. 정말 하고 싶은 일, 나다운 일을 해야 해!'

자신다움을 찾은 아빠, 보험 왕으로 떠오르다!

매일같이 같은 업무를 반복하며 갇혀 지내던 직장 생활을 벗어버린 아빠는 자유롭게 일할 수 있는 영업 일로 다시 돌아왔다. 다시 보험 시장에서 아무것도 없이 처음부터 시작해야 한다는 부담감은 있었지만, 그래도 매일같이 같은 일만 반복하는 직장 생활보다 영업이 스스로에게 맞는 옷이라는 사실을 알았고 잘할 자신도 있었다. 그 무엇보다 옆에서 든든하게 지지해주는 석우 집사님이 함께한다는 사실이 아빠에게는 큰 힘이 되었다.

아빠는 이 기회가 마지막 기회라고 생각하며 누구보다 열심히 뛰어다녔다. 갈 수 있는 모든 곳을 돌아다녔다. 운이 좋게도 그전까지 존재하지 않던 질병이나 상해로 인해 지불한 의료비를 보상해주는 실비보험 상품 때문에 새로운 보험 시장이 열리고 있었다. 이는 새로 일을 시작하는 데 큰 도움이 되었다. 아무리 좋은 상품이어도 어떻게 설명하느냐에 따라 계약 성사 여부는 천차만별이었다. 다른 사람들은 한 건도 계약하지 못할 때 아빠는 수십 건을 성사시켰다. 그동안 시계 판매를 하며 배웠던 간절함과 진실함, 그리고 사업을 하면서 길렀던 사람을 설득하는 능력, 컨설팅할 때 발휘했던 역량을 가지고 고객들의 마음을 움직였다.

아빠는 이전까지 벌었던 것보다 훨씬 더 많은 돈을 벌었다. 미용실, 병원, 학습지 회사 등 여러 곳을 돌아다녔는데 가는 곳마다 소개에 소개가 이어졌고, 아빠의 전화기는 수도 없이 울렸다. 낮에는 계약을 하러 전국을 돌아다녔고, 밤에는 집에서 계약한 서류들을 정리하다가 밤을 새우면서 꾸벅꾸벅 졸거나 쪽잠을 청할 정도로 일이 넘쳤다.

그럼에도 불구하고 아빠는 피곤함도 잊은 채 누구보다 행복하게 출근했다. 아빠가 좋아하는 일, 숨을 쉴 수 있는 일, 자신다운 일을 찾았기에 행복하게 일했다. 일이 쏟아졌지만 스스로 즐거운 일을 하니까 살아 숨쉬는 기분이었다. 아침에 우리에게 함박웃음을 지으며 "여보, 진실아, 다녀올게"라며 신나게 외치고 출근하는 아빠의 모습은 그 어느 때보다 행복해 보였다.

아빠의 실적은 누구보다 뛰어났다. 하루는 나도 아빠의 회사에 방문한 적이 있는데, 회사 한쪽 벽면에는 계약 실적이 적힌 스티커칠판이 붙어 있었다. 아빠의 실적 스티커 줄은 한 줄이 아니라 세 줄이었다. 다른 분들은 한 줄을 채울까 말까 했는데 아빠는 그것을 훨씬 뛰어넘어 세 줄이 되었던 것이다. 보험 계약 실적프로그램에도 한 달 동안의 보험계약을 입력하는 난이 있었는데 아빠가 100건을 넘게 적다 보니 시스템 오류가 났다. 한 사람이 한 달에 100건 이상을 계약할 수 없다고 생각하고 만들어진 프로그램이었기 때문에 오류가 났던 것이다. 그 정도로 아빠는 정말 많은 계약 실적을 만들어냈다.

아빠는 성실하게 신앙생활도 했다. 주일은 꼭 교회에 빠지지 않고 예배에 참석했다. 하나님께서는 아빠에게 넘치도록 복을 부어주셨다. 아빠는 전국 연도 대상 은상을 수상할 정도로 다시 최고의 보험 왕 자리에 오르게 되었다.

주식 거지가 된 아빠

한순간에 우리 가족을 알거지로 만든 주식

갑자기 내쫓기는 신세가 되어버린 우리 가족

아빠는 보험에서 한 달에 약 1,000만 원의 수입을 내는 보험 왕이 되었다. 덕분에 금방 목돈을 마련할 수 있었고, 그 돈으로 우리 가족은 조금 더 나은 환경에서 살기를 원했다. 우풍이 들지 않고 녹물도 나오지 않는 쾌적한 아파트에 살고 싶었다. 아빠가 열심히 번 돈을 모아 드디어 옆 동네의 쾌적한 아파트로 전세를 얻어 이사를 가게 되었다.

새로 이사한 아파트에서 2년이 지난 날, 집주인이 갑작스럽게 자신들이 거주하겠다며 집을 빼달라고 요청했다. 우리는 전세를 연장해 계속 살 수 있을 거라고 생각했기 때문에 아무 준비도 하지 못했다. 그렇게 갑자기 이사를 해야 했다. 하필 그때 전세대란이 있어 쾌적하게 살 수 있는 전셋집을 구하기가 어려웠다. 괜찮은 집은 구하지 못하고 집을 빼야 하는 날짜가 다가왔다. 어디라도 지낼 곳이 필요했기 때문에 급하게 맞은편 동네에서 가장 오래된 월세 아파트로 이사를 가게 되었다. 그리고, 다시 자금 상황에 맞는 전셋집을 찾아볼 요량이었지만, 워낙 전세금이 모두 오른 상태였기 때문에 마땅한 곳을 찾지 못한 채 시간이 흘렀다. 엄마는 일단 아빠에게 전세금을 잘 보관하고 있으라고 했다.

가만히 놔두기 아까운 목돈, 주식을 시작하다

아빠는 보험 왕이 되었지만 그 자리를 유지하기 어렵다고 생각하고 있었다. 최정상에 위치한 사람들은 항상 그 자리를 어떻게 유지할지 고민한다. 세계챔피언도 언젠가는 누군가에게 기록이 깨질 수 있고 천하무적인 사람은 있을 수 없다. 아빠의 보험도 마찬가지였다. 정상의 자리를 계속 유지하려고 열심히 노력했지만 정상을 유지하는 일은 결코 쉽지 않았다. 보험 영업은 사람을 만나야 하는 일이다 보니 인간관계에서 오는 스트레스 또한 아빠의 목을 졸라왔다. 아빠는 스트레스를 극복하고자 새로운 돌파구로 다른 수입을 찾기 시작했는데, 그것이 바로 주식이었다. 전세금 1억 원을 넣으면 10퍼센트만 올라도 천만 원의 돈이 생기니 영업실적에 대한 압박을 크게 받지 않겠다는 생각이 들었고, 아빠는 전세금으로 주식을 시작했다.

아빠, 새벽에 뭐해?

어느 날, 중학생이었던 나는 새벽에 조용히 방에서 시험공부를 하다가 화장실에 가려고 거실로 나갔다. 아빠가 거실 불을 꺼놓은 채로 귀에 이어폰을 꽂고 컴퓨터 앞에서 무엇인가 하고 있었다.

"아빠, 뭐해?"

"어…? 아빠 일하는 것 때문에 공부하고 있어."

아빠가 어느 날부터 새벽에 공부를 하기 시작했다. 자정이 지나 엄마가 잠들면, 아빠는 슬그머니 어두운 거실로 나와 조심스럽게 컴퓨터를 켜고 번쩍이는 모니터 앞에서 이어폰을 끼고 밤새 열심히 이것저것 찾아보셨다. 그렇게 새벽 서너 시까지 투자 공부를 했고, 계속 주식에 대한 공부를 했다.

하지만, 어느 날부터인가 아빠의 표정이 좋지 않았고, 매일 불안해 했다. 저녁 늦게 퇴근하고 피곤할 텐데도 밤마다 휴대폰과 컴퓨터로 이것저것 찾아보면서 열심히 공부했다. 퇴근을 하고 집에 들어온 아빠의 얼굴을 보면 어느 날은 기쁘다가도 어느 날은 슬프고, 감정 기복이 심해 보였다. 아빠는 아침에 일어나자마자 항상 휴대폰을 확인했는데 휴대폰을 보는 얼굴에는 항상 근심이 가득해 보였다.

하루는 엄마가 드디어 금액에 맞는 전셋집이 나왔다고 아빠에게 전하면서 이사를 가자고 이야기했다. 그런데 아빠가 아직 시기가 아닌 것 같다며 이사 이야기를 얼버무렸다. 엄마는 의아했지만, 그 이야기는 거기서 일단락됐다.

전세를 위한 목돈을 몽땅 날려버린 아빠, 엄마에게 들통나다

언제까지 숨길 수 있었을까? 어느 날, 엄마가 새벽에 깨서 어두운 거실로 나갔다. 마침 아빠는 한참 이어폰을 끼고 주식 공부를 하기 바빴다. 아빠는 엄마가 옆에 온 줄도 모르고 모니터 화면만 뚫어져라 봤다.

"여보, 이 밤중에 뭐해??"

"어… 어? 당신 일어났어…?"

엄마는 밤새도록 주식 공부를 하고 있는 아빠를 보았다. 아빠가 엄마에게 주식을 하고 있다는 것을 이야기했기 때문에 아빠가 주식에 돈을 넣어놓은 것은 알고 있었다. 그 시기에 2011년 유럽발 금융위기가 터졌다는 뉴스가 텔레비전에서 수시로 방송되고 있었다. 하지만 아빠가 별말 없었기 때문에 아빠를 믿고 굳이 더 물어보지 않았다. 하지만 시간이 지날수록 밤마다 기분이 오락가락하고 항상 불안해 하는 모습을 보이던 아빠는 엄마의 눈을 속이지는 못했고, 새벽에 밤새도록 주식을 공부하는 모습을 발견하게 되면서 엄마는 무슨 일이 일어나고 있음을 직감했다.

"여보, 그때 넣어놨다고 했던 주식은 어떻게 됐어?"

"아…. 그게 말이지, 그게… 있잖아…."

"어서 뜸들이지말고 말해봐. 그 주식 얼마 남았어?"

"그게 말이지…."

"말해봐 얼른!"

"900만 원… 정도…."

엄마의 불안한 예감은 틀리지 않았다. 주식이 떨어진 것은 예감하고 있었지만 돈이 몇 푼밖에 안 남았다고 하니 엄마도 너무 황당하기 그지없었다. 전세금 1억 원이 넘는 돈에서 달랑 900만 원 정도밖에 남지 않은 것이다.

"정말 미안해…. 진심으로 미안해…."

"여보 자살 안 한 게 다행이다. 에휴."

아빠의 고개가 숙여지고, 눈에 눈물이 가득 고인 채 울먹거리며 엄마에게 미안하다는 이야기만 반복했다. 아빠의 흔들리는 눈동자에 눈물이 가득 찬 것을 본 엄마는 그렇게 딱 한마디만 하고 끝냈다.

그날 아빠는 밤을 꼬박 샜다. 이제는 다 밝혀졌다는 생각에 차라리 속 시원하다는 감정과 동시에, 허탈함과 막막함, 그리고 미안함이 동시에 몰려왔기 때문이다. 반면에 엄마는 코까지 골면서 잘 잤다고 한다. 아침에 일어나 엄마가 아빠에게 위로해주며 이야기했다.

"오늘 주식 당장 빼 와. 그냥 그거 빼서 우리 가족 선교 가는 데 쓰고 끝내자. 계속 하루하루 그거 보면서 초조하고 불안해하는 것보다 그냥 편안하게 지냈으면 좋겠어. 그게 오를지 안 오를지 어떻게 알아. 그리고 주식이 오르기만 기다리면서 매일 초조하게 어떻게 살아. 주식이 오르기를 기다리면서 마음 불안하게 사는 것보다 우리는 다시 시작할 수 있으니까 편하게 살자. 매일 주식 때문에 울고 웃지는 말자."

그날 밤, 아빠는 당장 남은 돈을 뺐다. 아빠는 언제 들킬지 모르는 이 불안한 상황을 차라리 이실직고하고 털어내서 무거운 짐을 내려놓은 것처럼 마음이 한결 가벼웠다고 했다. 매일 초조하고 불안한 지옥 같은 삶 속에서 벗어날 수 있어 그제서야 숨통이 트였다.

쉽게 번 돈은 그만큼 잃기도 쉽다

주식을 경험해본 아빠는 주식은 불공정한 게임이라고 이야기했다. 주식을 공부해보니 주식은 개인 투자자들은 95%가 망하는 게임일 수밖에 없다고 말이다. 개인이 알 수 있는 정보는 굉장히 희박하고, 투자자이나 세력들이 큰 자본을 가지고 시장을 움직인다는 것이다. 개인 투자자들이 아무리 공부를 열심히 해도 더 깊은 수렁으로 떨어지기 마련이다.

더구나, 주식은 개인의 실력으로 성공할 수 있는 것이 아니라 변화되는 환경에 따라 좌우되는 것이 많다. 물론 내 노력으로 얻을 수 있더라도 너무 불확실한 게임이기 때문에 주식에 평생 일궈온 재산을 맡기는 것은 너무 위험한 모험이다. 주식이 떨어지는 데 장사 없고, 주식으로 인생역전을 꿈꾸기에는 언제 찾아올지 모르는 불안감을 떨쳐버릴 수 없다. 아빠는 대가가 없는 돈은 이 세상에 없다고 했다. 아빠는 주식을 했던 과거에 대해 내 피와 땀이 섞인 노동으로 번 돈이 아니라면 잃기도 그만큼 쉬운 법이라는 것을 강조하면서 이야기해주셨다.

새로운 일에 도전하는 것을
두려워하지 않는 아빠

월 1,000만 원을 벌어다 준 보험 일을 정리하다

레드오션이 된 보험 시장의 분위기를 캐치하고,
빠르게 탈출 전략을 만들다

보험 시장이 변화하기 시작했다. 보험 판매처가 아닌 홈쇼핑, 은행 등
여러 가지 대외 매체에서도 보험상품을 판매하기 시작했다. 아빠는 매월
1,000만 원이 넘던 월급이 아무리 열심히 일해도 700~800만 원으로 꺾
이기 시작하면서 보험 시장이 레드오션이 됐음을 직감했다. 물론 그 월
급도 다른 사람들에 비해 적은 것이 아니었다. 하지만 결국 나중에는 다
른 일을 찾아야 할 것이라는 생각이 들었다고 한다. 당장의 편안함과 안
정, 그리고 늘 하던 익숙함에 안주하지 않기로 했다. 보험이 아빠의 평생
의 일자리가 될 수 없으리라는 것을 직감했고, 이 레드오션 시장을 벗어
나 또 다른 것을 스스로 찾아가야 한다는 것을 깨달았다. 아빠는 계속해

서 대체 수단이 무엇이 있을지 생각을 멈추지 않았다.

그러던 중, 아빠의 보험 고객이 운영하는 휴대폰 가게의 상황이 너무 좋지 않다는 이야기를 들었다. 아빠가 할 수 있는 일이라고는 휴대폰 연락처에 담겨 있는 사람들에게 새로운 휴대폰 상품이 나오니 좋은 서비스를 해드릴 수 있다고 하면서 그 가게로 많이 와달라는 내용의 문자를 보내는 것뿐이었다. 아빠의 지인과 고객들을 위주로 휴대폰 가게 홍보 문자를 돌렸는데 놀라운 일이 벌어졌다. 문자를 돌린 그날 휴대폰 가게에는 아빠의 지인들이 몰려왔고 하루 만에 40여 대의 휴대폰을 판매하게됐다. 너무 놀란 휴대폰 가게 사장님은 도대체 이렇게 많은 사람들을 어떻게 데리고 올 수 있었냐고 입이 벌어지셨다. 당시 그 사장님은 휴대폰 대리점 세 곳을 운영하고 있었는데 이 정도 인맥과 실력이면 휴대폰 가게를 해도 좋을 것 같다며, 자신이 운영하고 있는 휴대폰 가게의 인테리어 비용이나 권리금을 받지 않은 채 조건 없이 그대로 인계해주겠다고 하셨다. 처음 제안을 받았을 때, 아빠는 당장 휴대폰 가게에 전념할 시간이 없었기 때문에 몇 차례 거절했다. 낮에는 보험 일을 해야 해서 누군가 가게를 봐줘야 했고, 엄마의 의사도 물어봐야 했으며, 휴대폰 장사를 하는 것이 과연 좋은 선택일지, 독이 되는 선택일지 신중해야 했기 때문이다.

하지만, 마침내 아빠는 정직하게, 그리고 열심히 하면 휴대폰 판매도 잘할 수 있겠다는 자신이 생겼다. 온 열정을 다해 엄마를 설득시켰고, 결국 엄마와 아빠는 휴대폰 가게의 사장이 되었다. 낮에는 엄마가 가게 일을 했고, 밤에는 보험 일을 마치고 온 아빠가 가게를 보면서 우리 가족은 2개의 수입 창구를 마련하게 되었다.

번뜩이는 시대의 흐름을 잘 타라.
칠 때 치고 빠질 때 잘 빠져라!

휴대폰 가게는 생각 이상으로 잘됐다. 엄마도 처음에는 어려워했지만 누구보다 따뜻하게 고객을 대하고 남을 배려하는 모습 때문에 고객들이 좋아했다. 아빠도 보험 일을 마치고 저녁에는 휴대폰 가게 일을 했는데, 매일 새로운 제품이나 서비스가 있으면 고객에게 적극적으로 알려주고 부지런히 홍보하면서 많은 고객들이 우리 가게를 찾을 수 있도록 최선을 다했다. 고객들이 원하는 조건과 가격대로 좋은 상품을 살 수 있도록 안내했고, 덕분에 많은 고객들이 소개의 소개를 이어갔다.

그렇게 휴대폰 가게를 시작한 지 2년이 되었을 무렵, 갑자기 '단통법' 이 시행됐다. '단통법'이란 '이동통신 단말장치 유통구조 개선에 관한 법률'로 휴대폰 단말기의 보조금을 규제하기 위해 시행된 법이다. 통신사들은 대리점 지원금을 통해 고객들이 좀 더 저렴한 가격으로 휴대폰을 구매할 수 있도록 했는데 '단통법'이 시행되면서 지원금이 막혀버리자 휴대폰을 저렴하게 구매하기 어려워졌다. 아빠는 바뀌어버린 휴대폰 시장을 바라보며 사업을 계속해야 할지 또 다시 고민하기 시작했다.

노동 수입으로는 큰돈을 벌 수 없다
인연을 통해 마주한 부동산 투자

열심히 달리다 보면 기회는 찾아온다

우리 휴대폰 가게 뒤편에는 휴대폰 가게의 건물 주인이 운영하는 가게가 있었다. 항상 예의 바르게 깍듯이 인사하고, 성실하게 열심히 사는 엄마와 아빠를 지켜본 건물주 어르신은 가끔 다과나 먹고 가라며 엄마와 아빠를 많이 챙겨주셨다. 그분은 부동산 중개업 일을 하시고 계셨다. 아빠는 건물주께서 초대해주시면 함께 다과를 나누며 그분이 해주시는 부동산 이야기를 듣곤 했다. 하지만 당시 아빠는 부동산의 '부' 자도 몰랐고 부동산을 살 수 있을 만큼 모아둔 돈도 없었기 때문에 땅을 사보라고 제안해주실 때도 돈이 없다고 거절했다. 부동산 이야기가 나오면 마냥 흘려들을 뿐이었다.

어느 날, 평택에 삼성전자 공장이 들어오고 착공식을 하던 날이었다.

그때 건물주 분께서 삼성 앞에 엄청나게 좋은 땅이 반값 정도로 나왔다고 하셨다. 그전까지 부동산 이야기는 귀담아 듣지 않았던 아빠가 그때는 달랐다. 아빠의 귀가 활짝 열릴 정도로 그 이야기가 솔깃하게 들렸고, 아빠는 그 땅에 대해 더 이야기해달라고 건물주 분에게 부탁했다.

"김 사장, 이 땅은 이삼 년 뒤에는 두 배가 될 땅이야. 5억 원에 사면 10억 원이 되는 땅이라고!"

지금까지 아빠는 남들이 부러워하는 억대 연봉에도 도달해보았고, 매월 1,000만 원씩 넘게 벌어왔다. 그리고 보험 시장이 레드오션이 됐음에도 휴대폰 가게를 하면서 꾸준히 안정적인 매출을 유지했기 때문에 수입만 놓고 보면 생활이 어렵지 않았다. 하지만 그렇게 많이 벌어도 외식 몇 번하고, 아이들 교육비를 지출하고, 여행 한번 다녀오고, 보험료 내고, 은행이자 내고, 월세를 내면 저축하는 돈이 거의 없었다. 아빠는 지금까지 정말 열심히 달리며 살았고, 남들보다 더 많이 벌었음에도 불구하고 돈이 모이지 않는 텅텅 비어 있는 통장 잔고를 보면서 노동 소득만으로는 절대로 돈을 모을 수 없음을 깨달았다. 그런데 건물주 분에게 들은 부동산 이야기는 차원이 달랐다. 금액의 단위 자체도 달랐고 매년 억대 연봉이었던 아빠도 모을 수 없던 돈을 모을 수 있게 해주는 것이 부동산 투자일 수 있음을 깨달았다. 아무리 열심히 일해도 흙수저는 부자가 될 수 없고, 성공할 수 없을 것 같던 인생의 굴레에서 드디어 꼬여 있던 매듭을 풀 수 있는 방법을 찾았다고 점점 확신하게 되었다.

마침, 건물주 분께서 말씀하신 땅에 대한 이야기를 들었을 때, 아빠는 이 기회가 다시 오지 않을 절호의 기회라고 생각했다. 그리고 간절했다. 지금 시작하지 않으면 영원히 시작할 기회조차 없으리라고 생각했다. 그 간절한 마음으로 아빠가 할 수 있는 모든 방법을 동원했다. 연금까지도 해약하면서 가지고 있는 모든 재산을 모았고, 형한테도 부탁해 땅을 살 돈을 모으려고 어떻게든 방법을 만들었다. 그렇게 열심히 모은 현금과 토지담보 대출을 가지고 땅을 살 수 있는 돈을 마련했다. 그리고, 아빠 인생의 첫 땅을 사게 되었다.

갑자기 농사를 시작한다고?

반전의 결과, 1년 만에 곤충 사육 매출 1위 달성

아빠, 갑자기 벌레를 왜 키워?

아빠는 레드오션이 되어버린 보험 시장과 '단통법'으로 인해 침체된 휴대폰 시장을 탈출할 수 있는 방법이 무엇이 있을까 계속 고민했다. 마침 아빠가 사둔 땅이 있었고, 그 땅에 어떤 일을 할 수 있을까 계속 고민했다. 블루베리 농장? 달팽이 농장? 우렁이 농사? 땅을 가지고 할 수 있는 여러 사업들을 찾아보고 고민했다. 사업이 정말 수익성이 있는지 알아보았고, 많은 시간을 쏟지 않더라도 스스로도 잘 자라는 작물이나 생물을 키울 수 있는 사업들을 계속 찾아보았다.

어느 날, 주말에 소파에서 쉬면서 텔레비전을 보던 아빠는 굼벵이 농장을 소개하는 프로그램을 보게 되었다. 굼벵이 농장은 미래의 먹거리로 각광받고 있는 식용곤충을 사육하는 곳이었다. 고단백질 식품으로 영양

소도 훌륭할뿐더러 빠르게 바뀌어가는 시대에 미래 먹거리인 식용곤충사업은 오히려 더 주목받을 사업이라고 확신했다.

아빠에게는 굼벵이 사육이 크게 어려운 일이 아니었다. 산속에서 굼벵이도 잡고 풍뎅이도 잡고 뱀도 잡으며 어린 시절을 보냈기 때문에 벌레를 키우는 건 식은 죽 먹기였다. 그래서 텔레비전 화면 속 굼벵이가 바글바글한 굼벵이 농장을 보면서도 징그럽다고 생각하지 않고 너무 좋은 미래의 사업 아이템이라는 확신을 가질 수 있었다. 아빠는 누구보다 실행력이 빨랐다. 바로 다음 날, '고민만 해서는 아무것도 할 수 없다!'라는 생각으로 인터넷을 뒤져 굼벵이 농장을 찾아 나섰다. 그렇게 여러 곳을 둘러보던 중, 가장 굼벵이 사업을 잘하고 있는 곳을 방문했는데, 연세가 있으신 할아버지가 운영하는 곳이었다.

"안녕하세요, 사장님! 굼벵이 사업에 관심이 있어서 찾아왔습니다!"

"어. 잠깐만 기다려줘. 이 작업만 마무리하고 갈게요."

사장님이 작업을 마치는 걸 기다리는 동안 아빠는 이리저리 둘러보았다. 그런데 곤충사업장 한편에 빽빽하게 글자가 적힌 보드를 발견했다. 전부 다 곤충 애벌레 분양 일정이었다. 전라도, 경상도, 경기도 평택 등 전국 각지로 애벌레를 분양하는 일정들이 적혀 있었다. '설마 저 많은 일정이 다 사장님의 분양 일정일까?' 하는 마음에 아빠는 사장님께 여쭤봤다.

"사장님, 저 보드에 적혀 있는 게 혹시 다 분양 일정인가요?"

"응 그렇지."

"저렇게 분양이 많다고요? 저게 다 여기서 분양 나가는 것들이에요?"

"당연히 다 여기서 나가는 거지. 어디서 나가겠어?"

"하나 분양할 때마다 얼마 버시는 거예요?"

"50킬로그램당 900만 원씩에 분양해. 분양할 때 굼벵이 종자하고 굼벵이 키우는 기술, 분양하는 기술까지 다 알려주고 있지."

"아니, 그러면 저게 한 달이면 몇 천만 원씩 버는 건데, 저게 정말 맞다고요? 저게 정말 다 분양하시는 거라고요?"

"당연히 전부 다 분양하는 일정이지, 뭐겠어."

"헉…. 그럼 저게 다 얼마…?"

아빠는 그분이 운영하시는 굼벵이 사업장을 둘러보면서 바글바글한 굼벵이들을 보고 무릎을 탁 쳤다. '그래, 이거야!' 하며 아빠는 확신에 찼다. '최소한 내가 저 할아버지보다는 잘할 자신이 있다. 마케팅을 못하는 할아버지도 저렇게 하는데 내가 훨씬 더 잘할 자신이 있다!'라며 아빠의 머릿속에서는 이미 어떻게 해야 차별성을 두고, 더 잘할 수 있을지 수만 가지 생각이 떠올랐다. 아빠는 그 자리에서 바로 굼벵이 사육을 결심했다. 그렇게 아빠는 굼벵이 사육을 하는 농부가 되었다.

시작한 지 1년 만에 곤충사육, 전국 매출 1위 달성

아빠는 형과 공동으로 구입한 땅에 굼벵이 사육장을 만들었다. 그리고 고민하지 않고 바로 굼벵이 사육에 올인했다. 당시 고등학생이었던 나는 아빠가 벌레를 키우는 농부가 되었다는 이야기를 듣고, 아빠가 거지가 된

줄 알았다. 그래서 나와 동생은 아빠에게 치킨을 사달라고 쉽게 조르지 못했고, 형편이 어려워진 부모님께 많은 부담을 드리지 말아야겠다고 생각했다. 당시에 우리가 최선을 다해 할 수 있는 것은 공부밖에 없었기 때문에 부모님께 폐를 끼치지 않기 위해 더욱 열심히 공부했다.

아빠가 굼벵이 사업을 시작한 지 반년이 지났을 무렵에 아빠의 농장에 놀러 갔다. 그곳에는 정말 많은 굼벵이들이 바글바글했다. 그리고 창고 옆에는 곤충 체험장이 있어 곤충과 개구리, 거미, 토끼 등 다양한 동물들도 함께 키우고 있었는데, 방문객들이 곤충을 구경하고 체험할 수 있는 곳도 만들어놓았다. 그곳을 둘러보던 중, 아빠의 창고 벽면에 큰 화이트보드가 눈에 띄게 붙어 있었고 여러 일정들이 빼곡하게 적혀 있었다.

"아빠, 이게 뭐야? 아빠 친구들 생일이야? 왜 날짜별로 이름이랑 지역이 이렇게 많이 적혀 있지?"

"그거 아빠가 굼벵이 기르는 거 분양해주는 일정이야. 많지?"

"이렇게 많다고? 그럼 우리 굼벵이들 다 없어지는 거 아니야?"

"아빠는 지금도 굼벵이 엄청 많아. 그 정도는 거뜬히 분양할 수 있을 만큼 충분해."

"우와, 그럼 이거 팔면 얼마 벌어?"

"많이 벌지."

"흐음…. 벌레로?"

아빠가 굼벵이를 사육하는 농부가 되었다는 말에 가난해졌다고 생각했던 나는 돈을 많이 번다는 말이 진짜인지 나와 동생을 안심시키려고 하는 말인지 잘 구분이 안 됐다. 아빠가 평택에서 굼벵이 사육을 하는 동안 안성에서 굼벵이 사육을 하시는 청년농부 소봉규 삼촌을 알게 되었다. 봉규 삼촌은 남들과 다른 아빠의 굼벵이 사육 방식을 마음에 들어 했고, 아빠의 마케팅 실력에도 반해 자주 아빠의 농장에 찾아오셨다. 하루는 사육장에서 봉규 삼촌과 마주쳤다. 그분에게 조용히 아빠에 대해 물어보았다.

"안녕하세요, 봉규 삼촌. 아빠에게서 말씀 많이 들었어요. 제가 궁금해서 그런데, 혹시 뭐 좀 물어볼 수 있을까요?"

"응, 뭐든지 물어봐. 뭐가 궁금해?"

"저희 아빠가 하시는 굼벵이 사업이 잘되고 있나요? 갑자기 굼벵이를 기른다고 하셔서 우리 집이 망했는 줄 알았어요."

"하하, 엄청 잘되고 있지. 굼벵이 사업으로 전국 매출 5위 안에 드는 우량농업인이신걸? 지금 소문도 자자해. 그래서 나도 찾아온 거고!"

아빠가 전국 매출 5위 안에 꼽히는 정도라니! 전혀 상상하지 못했다. 심지어 아빠는 굼벵이 사업을 오랫동안 해온 것도 아닌데, 엄청난 열정과 노력, 그리고 자신만의 노하우로 순식간에 매출을 끌어올렸다. 아빠는 확신과 자신으로 굼벵이 사업에서도 최고의 위치까지 올랐다. 남들과 차별화된 독특한 방식으로 자신만의 사육 방식을 만들었고, 남들이 관심을 갖지 않았던 네이버 블로그와 검색어, 그리고 유튜브 등으로 전문적인 마케팅에도 힘썼다. 또한 매일 굼벵이 사육을 궁금해하는 분들을 초청해 무료 교육과 컨설팅도 했다. 자신만의 특별한 노하우와 뜨거운 열정으로 아빠는 단기간에 우량농업인이 되었고 평택시 곤충시범사업자로 선정되었다. 그렇게 노력해서 아빠는 굼벵이 사업에서 전국 매출 1위를 달성했다.

노동 수입의 한계를 깨달은 아빠

여러 경험이 쌓여 5년 만에 300억 원 자산을 일궈내다

더 이상 노동 수입으로는 살아갈 수 없음을 깨닫다

어느 날, 아빠의 어깨가 툭 하고 끊어졌다. 예전 공장 자재 부서에서 직장 생활을 할 때 무거운 자재를 무리하게 옮기다가 어깨를 크게 다친 적이 있다. 괜찮겠거니 생각하며 어깨가 좀 아픈 채로 버티며 지냈는데 이번에는 그 정도가 아니었다. 굼벵이 사육도 노동이 많이 필요한 농사일이었기에 힘을 써야 했고, 그렇게 무리하다가 아빠의 어깨 인대가 완전히 끊어져버렸다. 아빠는 밤새 아파서 신음소리만 내며 한숨도 못 주무셨다. 지역의 큰 병원에 가봤지만 잠깐 통증을 잊을 수 있는 정도의 주사만 놔줄 뿐 해결이 되지 않는 상황이었다. 아빠는 이대로는 도저히 버틸 수 없다고 생각해서 강남에서 제일 큰 어깨 전문병원으로 갔다. 어깨 분야의 최고 권위자인 의사 선생님을 찾아가 진단을 받았다.

"이 어깨로 어떻게 지금까지 버틸 수 있었던 거죠? 어깨가 완전히 나갔습니다. 당장 수술이 필요해요."

"아, 완전히 어깨가 나갔다구요? 잠도 못 잘 정도로 아프긴 했는데…. 그 정도인 줄은 몰랐네요."

아빠의 어깨 상태를 본 의사 선생님께서는 입이 벌어질 정도로 놀라셨다. 많이 아팠을 텐데 그동안 어떻게 참았는지가 더 신기하다는 듯 혀를 차셨다. 아빠는 바로 입원했고, 수술을 받으셨다.

투자자나 사업가가 되지 않으면 절대로 부자가 될 수 없다

아빠는 어깨 수술 후, 몇 주간의 입원 생활을 거치면서 깊이 생각했다.

'같은 시간에 최대한 효율적으로 일하고 효율적으로 돈을 많이 벌 수 있는 방법이 무엇일까?'

학습지도 보험도 휴대폰도 굼벵이도 큰 수익을 올리지는 못했다. 이 모든 것들이 전부 다 노동 수입인데 이러한 노동 수입들은 피치 못할 사정이나 건강상의 문제 등 환경적으로 문제가 생기거나, 제도와 법이 바뀌면서 오는 타격 등 시대적으로 큰 변화가 생기면 줄어들 수밖에 없다. 그렇게 생각하니 아빠는 남들과 같은 시간 속에서 살면 절대로 부자가 될 수 없다는 결론을 내렸다.

누구보다 짧은 시간에 많은 것들을 도전해봤고, 여러 번 정상을 찍어보았던 아빠는 입원 생활 동안 많은 책을 읽었다. 그동안 열심히 달려만

왔던 아빠에게 입원 생활은 한 템포 쉬어갈 수 있는 쉼의 시간을 만들어
준 소중한 시간이었다. 아빠는 입원 생활 동안 많은 책을 읽으면서 생각
을 정리할 수 있는 시간을 가졌다. 그리고 그 시기의 독서를 통해 큰 깨달
음을 얻었다. 특히, 로버트 기요사키(Robert Toru Kiyosaki)의 저서 《부자 아빠
가난한 아빠》를 읽고 노동 수입으로는 부자가 될 수 없지만, 자산 수입은
퀀텀 점프가 가능하다는 것을 깨달았다. 로버트 기요사키는 강조했다.

"돈을 위해 일하지 말고 돈이 나를 위해 일하게 하라."

부동산에 진심이었던 아빠, 토지 전문가가 되다

아빠는 항상 모든 일에 몰입했고, 진심을 다해 적극적으로 부딪쳤다.
아빠가 자주 하는 말이 있다.

'목숨 걸고 해라.'

아빠는 보험 일을 할 때도, 휴대폰 가게를 할 때도 굼벵이 농사를 지을
때도 목숨을 걸고 일에 몰입했다. 아무리 시장의 환경이 좋지 않더라도
목숨을 걸고 열심히 일하다 보니 항상 새로운 기회와 새로운 인연이 찾
아왔다.

첫 땅을 사고 난 후, 아빠는 더욱 더 부동산에 대해 관심을 갖기 시작
했다. 그 당시 보험 일, 휴대폰 가게, 굼벵이 농사 등 여러 가지 일을 하고
있음에도 불구하고 휴일을 희생하면서까지 더 배우고 더 성장하려고 노

력했다. 꾸준히 개발소식을 분석하고, 입지를 분석하는 등 부동산에 대한 공부를 멈추지 않았다. 마침 아빠에게 부동산 투자를 알려주셨던 건물주 사장님도 남들과는 다른 투자 전략을 가지고 계셨고, 이제 막 토지에 대해 관심을 가지고 배우려고 하는 아빠의 간절하고도 뜨거운 열정을 보고 부동산에 관한 여러 정보를 많이 알려주셨다. 덕분에 아빠는 누구보다 빠르게 성장했다.

어깨 수술을 받은 후부터 아빠는 시간을 활용하는 비중을 바꾸기 시작했다. 그전까지는 노동으로 돈을 버는 일로 대부분의 시간을 채웠다면, 이제는 대부분의 시간을 부동산에 대해 공부하고, 임장하고, 분석하는 데 사용했다. 아빠는 노동으로 돈을 버는 일의 비중을 서서히 낮추고 정리하면서, 삶의 우선순위를 다시 세웠다.

돈이 나를 위해 일하게 하는 삶을 간절하게 바랐던 아빠는 부동산에 모든 열정을 불어넣었다. 매일매일 10시간이 넘도록 땅을 보러 다녔다. 동네 주민부터 면사무소, 관공서, 그리고 부동산 사무실 등의 사람들을 만나며 그 지역에 어떤 이슈가 있는지 조사했고, 여러 곳을 돌아다니며 현장 방문을 수도 없이 했다. 부동산 중개업소에 나와 있는 물건들은 놓치지 않고 다 분석하고 파헤쳤다. 또, 눈에 보이는 모든 부동산 중개업 사무실에 방문해 사장님들과 친해졌고, 많은 정보를 공유받았다. 아빠는 현장에서 직접 공부하고 샅샅이 분석하면서 모은 엄청난 정보들을 토대로 부동산을 권리분석한 영상을 만들어 매일 유튜브에 업로드했고 점점 실력을 키웠다.

노동의 비중을 줄이면서 당장의 수입이 나지 않는 부동산 투자 공부를 한다는 것은 쉽지 않은 도전이었다. 당장 필요한 가족들의 생활비가 줄어드는 문제였기 때문에 아빠에게도 큰 부담이었다. 하지만 아빠는 부동산을 공부하면 할수록 누구보다 더 좋은 땅을 구분할 수 있을 거라는 확신과 자신감을 가졌다. 돈이 없음에도 불구하고 타오르는 열정과 하는 일에 대한 확신은 아빠에게 꾸준히 이어 나갈 힘을 만들어주었고 가족들의 응원을 불러일으켰다. 어느 순간부터는 사람들이 아빠가 분석하고 이야기하는 부동산 권리분석 영상에 흥미를 갖기 시작했다. 그리고, 얼마 지나지 않아 아빠의 휴대폰이 쉴 새 없이 울리기 시작했다. 아빠의 실력을 알아본 사람들이 토지에 대한 권리분석을 좀 해줄 수 있는지 부탁하는 연락이 쇄도했다. 그중에는 기획부동산에 사기를 당한 사람도 있고, 자신의 전 재산을 털어 부동산 계약을 했는데 불안한 마음에 연락한 사람도 있었다. 아빠는 간절하게 권리분석을 요청하는 사람들을 외면할 수 없어 무료로 권리분석 상담을 해주기 시작했고, 수많은 상담을 통해 권리분석 전문가의 자리를 튼튼하게 다졌다.

　　아빠는 여기서 멈추지 않고 계속해서 자신만의 부동산 투자 방법을 연구하고 공부했다. 그렇게 꾸준히 공부하고 연구한 결과, 자신만의 투자 방법을 찾아 부동산 투자를 통해 많은 부를 일궈냈고, 지금은 노동 수입을 넘어선 자산 수입으로 더 많은 돈을 벌고 있는 300억 원대 자산가가 되었다. 아빠가 투자를 통해 어떻게 부를 쌓았는지는 아빠의 책 2권(《오르는 땅은 이미 정해져 있다》, 《오르는 땅의 비밀노트》)에 나와 있다.

　　아빠가 그동안 해왔던 시계 판매, 학습지 선생님, 직장 생활, 보험, 주식, 휴대폰 가게, 굼벵이 사육은 모두 아빠가 현재의 자리에 오르는 데 발판이 되어주었다. 처음 시계 판매를 통해서 간절함은 어디에서든 통한다는 것을 배웠고, 학습지 선생님을 통해 시간 제약의 영향을 많이 받는 일로는 절대 부자가 될 수 없음을 깨달았다. 또, 자재를 관리하던 직장 생활을 하면서 나에게 맞는 일, 내가 하고 싶은 일을 해야 행복할 수 있고, 살아갈 수 있다는 것을 절실히 느꼈다. 주식으로 돈을 잃는 뼈아픈 경험도 했지만 노력 없이 얻는 돈은 잃기도 쉽다는 것을 깨달았고, 보험과 휴대폰 시장을 통해서는 변화하는 시대의 흐름 속에서 그 변화를 민감하게 읽고 행동하는 것이 얼마나 중요한지 깨달았다. 그리고 아무리 미래가 유망하고 좋은 사업이라도 건강의 문제가 생기면 행복할 수 없음도 깨달았다.

이 모든 경험과 과정이 아빠를 성장시켜준 발판이 되었고, 아빠의 실력을 탄탄하게 다져준 밑거름이 되었다. 이 과정들을 통해 컨설팅 및 영업 능력, 삶의 교훈과 지혜, 통찰력, 분석 능력 등을 계속해서 성장시켜갈 수 있었고, 결국 이것이 부동산 투자 분야에서 꽃을 피울 수 있었다. 그렇게 아빠는 흙수저에서 300억 원의 자산가가 되었다.

아빠처럼 멋지게 살고 싶어

남들이 선망하는 직업, 정말 내가 하고 싶은 일일까?

대학교 1학년 2학기에 들어설 무렵, 나는 취업에 대한 고민이 많았다. 열심히 공부했지만 내가 무엇을 향해 달려가야 하는지 길을 찾기 어려웠다. 생각보다 대학 생활은 취업을 준비할 수 있는 곳이 아니라 학문을 위한 곳이라는 생각밖에 안 들었다. 내 진로를 찾을 수 있을 줄 알았는데 그건 오로지 나의 몫이었다. 내가 무엇을 위해 공부했지? 나는 앞으로 무엇을 하고 싶지? 무슨 일을 할 때 기쁠까? 여러 고민에 빠진 나는 우리 학과 선배들은 어떤 곳에 취업했는지 여기저기 물어보고 다녔다. 우리 학과에서는 고시를 준비하는 사람, 은행이나 금융 공기업으로 취업하는 사람, 전공과 다른 길을 걷는 사람, 이렇게 크게 세 부류로 나눌 수 있었다. 선배들의 이야기로는 경영·경상 계열에서는 회계사가 톱이라고 했다. 결국 다른 대학교와의 경쟁에서 경영·경상대학교의 성적은 '회계사를 얼마나 배출했느냐'로 갈린다고 들었다. 그때 처음으로 회계사는 도대체 어떤 일을 하는지 궁금했고, 나도 해보고 싶다는 생각이 들었다. 당당히 회계사가 되어 내가 열심히 공부한 사람이라는 것을, 노력해서 대단한 사람이 되었다는 것을 주변에 보여주고 싶고, 인정받고 싶었다. 그해 겨울방학에 나는 회계 관련 시험 공부를 해보고자 회계 자격증 중 사람들이 많이 취득하는 전산회계1급 자격증 공부를 시작했다.

처음 접한 회계 공부는 생각보다 너무 재미있었다. 지금 내가 배우고 있는 경제보다도 훨씬 흥미로웠고, 전공을 바꿔도 좋겠다는 생각이 들었다. 하지만 경제는 꼭 배워야 한다는 이야기를 아빠로부터 귀가 따갑도록 들었기 때문에 전공을 바꾸기보다는 회계를 복수전공하기로 마음먹었다. 내 수업시간표는 회계 과목들로 점점 가득 찼다. 하고 싶은 공부를 하면서 열정이 넘쳐났다. 덕분에 우수학점을 받아 다른 친구들보다 수업을 더 들을 수 있는 혜택을 얻었다. 그런데 회계학은 복수전공이었기 때문에 이미 학점을 초과해서 해당 학기에는 회계수업을 들을 수 없었다. 나는 간절하게 담당 교수님께 이메일을 보냈다. 정말 이 수업을 듣고 싶어서 그런데 교수님께서 강의하시는 회계수업을 청강할 수 있겠냐고 여쭈었고, 교수님은 흔쾌히 승낙해주셨다.

대학교 3학년이 되기 전 겨울방학이었다. 코로나가 전 세계를 뒤흔들었다. 학교 수업도 온라인으로 하나둘 전환되기 시작하면서 더 이상 통학할 필요가 없게 되자 나는 서울에서 집이 있는 평택으로 내려왔다. 이제 슬슬 본격적으로 회계사를 준비할 생각이었다. 회계사는 회계, 세무, 경영, 경제 전공 수업을 24학점 이상 들어야 시험 자격을 얻을 수 있었다. 마침 운이 좋게도 나는 미리 회계수업을 들어놓은 게 있어서 남은 학기에 서두르지 않더라도 충분히 학점을 채울 수 있을 만큼 여유가 있었다.

우리 학과에 회계사를 준비하는 선배들이 있어서 어떤 절차를 밟아서 공부하는지 물어봤다. 다들 학원은 필수적으로 다닌다고 했다. 휴학하고 새벽부터 밤까지 하루 종일 학원 수업을 듣고, 자습을 하면서 1~2년 정도 준비한다고 했다. 회계사 시험을 위해 나도 휴학할 준비를 해야 했기에, 부모님께 조금만 도와달라고 말씀드렸다.

"저, 회계사 시험 준비하려고요. 3년 정도 넘게 시간이 필요할 것 같아요. 적게는 3년에서 길게는 5년 정도 수험 기간을 잡는다고 하는데 조금만 도와주세요."

내 이야기를 들은 아빠의 눈이 여우같이 길어졌다.

"음…, 진실이 너는 왜 회계사가 되려고 하는데?"

"보통 경영이나 경상대에서 제일 취업이 잘된 케이스가 회계사래요. 돈도 엄청 많이 벌고, 저도 회계 공부를 해보니까 재미있기도 해서 회계사 하려고요!"

"돈을 많이 버는 게 그 이유라고? 아빠도 돈 많이 버는걸? 돈을 많이 버는 것만이 이유라면 사실 다른 직업도 많아."

"회계사는 자격증만 있으면 사실 안정적이잖아요. 회계사 공부가 어려워서 아무나 회계사가 되는 것도 아니고, 여기저기서 찾는 데가 많으니까

어쨌든 돈은 많이 벌 수 있죠."

"모든 회계사가 돈을 잘 버는 것 같아? 그것도 결국에는 영업일걸? 모든 건 자기가 어떻게 하느냐에 달려 있지, 회계사가 된다고 다 잘되는 건 아니야. 회계사가 뭐하는데? 너는 정확히 회계사가 무슨 일을 하는지 알아?"

"세금 관련된 일… 이겠죠…?"

말문이 막혔다. 아빠가 회계사가 무슨 일을 하는지 물어봤을 때 사실 나는 대답도 할 수 없을 정도로 모르고 있었다. '회계와 관련된 일'이라고만 생각했지 구체적으로 무슨 일을 하는지도 잘 몰랐기 때문이다. 나는 내 진로를 그저 남들이 선망하는 직업, 돈을 많이 버는 직업으로 설정해 뒀지, 그 일이 내가 정말 하고 싶은 일인지는 생각해보지 않았다. 그리고 그때부터 나는 인생의 방향에 대해 다시 생각하기 시작했다.

처음으로 부동산을 접하다

경영대학 수업 중 부동산 수업이 있었다. 그런데, 강의평가가 5점 만점에 1점도 안 나올 정도로 너무 안 좋았다. 한 학기 동안 부동산 관련 사례로 보고서를 작성하는 수업이었고 기말고사 때는 시험을 한 번 보는 수업이었다. 고민이 됐다. 아빠가 부동산 일을 하기 때문에 나도 한번 공부하고 싶은데 우리 대학에서 부동산 수업은 이게 유일했기 때문이다. 이 과목 때문에 내 학점이 바닥이 될까 무서웠지만, '내가 여기서 잘하면 문제없잖아? 오히려 다들 안 좋아하니까 내가 엄청 열심히 해서 1등을 해야겠다!'는 마음으로 수강신청 버튼을 눌렀다. 얼마나 비인기 과목이었는지 마지막 날까지도 수강인원이 적어 수강정정기간 마지막 날까지도 과목이 폐강될까 조마조마했다. 다행스럽게도 폐강은 되지 않았다.

처음 오리엔테이션 수업에서 교수님이 말씀하셨다.

"우리는 부동산 소송사례를 바탕으로 사건을 정리해서 리포트를 만들 거예요. 아파트 전세 사고, 부동산 소송사례 관련해서 리포트를 잘 만들어온 1등 팀은 기말고사 시험 면제입니다. 2인 1조로 조를 짜서 기말고사 전까지 리포트를 작성해 제출하고, 리포트 1등 팀의 발표는 기말고사 당일에 시험 치기 전에 발표하겠습니다. 1등 팀이 발표되면 그 팀은 기말고사를 치르지 않고 바로 시험장을 나가면 됩니다."

1등 팀은 기말고사 면제라는 정말 구미가 당기는 이야기였다. 수강인원이 적어서 상대평가 비율을 계산해보니 단 두 명만 A+를 받을 수 있었다. 즉, 1등 팀만 A+를 가져가는 것이었다. 같은 수업을 듣는 사람들 중에는 나보다 한참 선배가 많았다. 그리고 공인중개사 공부를 하는 사람도 많았다. 부동산에 대해 다른 사람들보다 지식이 적었고, 경영대학 학생도 아니어서 팀을 꾸리는 것이 쉽지 않았다. 대학교 소통어플을 통해 해당 과목의 팀플을 같이 할 사람을 구했다. 마침 나와 같은 학년의 경영대학생이었다. 그 친구는 다른 과목 수강신청을 놓쳐 어쩔 수 없이 부동산 과목을 신청했다며 한숨을 푹푹 쉬었다. 물론 나도 처음 공부하는 부동산이었지만 마음만 먹으면 충분히 1등을 할 수 있다는 확신이 있었다. 나에게는 부동산 업종에서 일하시는 아빠가 있었기 때문이다.

교수님께서 앞서 A+를 받았던 선배들의 리포트를 보여주셨다. 다들 전세사기처럼 아파트 전세로 거주할 때 겪는 비슷한 사례로 리포트를 작성했다. 나는 조금 다르게 생각했다. 평범한 소재 말고 색다른 부동산 소송사례로 리포트를 작성한다면 승부수를 띄울 수 있겠다고 생각했다. 이미 이때부터 A+에 대한 확신이 들었는지도 모른다. 나는 아빠에게 도움을 요청했다.

"부동산 소송사례가 없어서 아빠의 경험이 필요해요. 혹시 주변에 흔하지 않은 부동산 소송사례에 대해 이야기해주실 수 있어요?"

마침 아빠는 현재 진행되고 있는 부동산 사고를 이야기해주셨다. 아빠가 토지를 구입했는데, 구매한 후에 지적 측량을 했더니 등기부등본상의 면적보다 감소된 사례였다. 더 비싸게 사게 된 건데 매도인이 정확히 고지해주지 않았기 때문에 여기저기 알아보며 해결하고 계셨다. 아빠 입장에서는 억울한 상황이었지만 리포트 주제로는 너무 흥미롭고 재미있는 사례였기 때문에 나는 신이 났다.

아빠와 함께 해당 토지를 임장하러 갔고 실제로 땅이 어떻게 생겼는지 알게 되었다. 처음 매도할 때 받았던 지적도와 실제 지적 측량을 해서 변경된 자료를 비교해보면서 그렇게 특이한 이슈도 생길 수 있다는 사실을 알게 되었다. 생각보다 땅을 사는 것은 쉽지 않은 일이며 검토해야 할 게 많다는 것을 알게 되었다. 또한 토지를 구매하기 위해서 어떤 사항을 확인해야 하는지 들으면서 아빠가 하는 일에 대해서도 더 잘 알게 되었다.

'사무실에서 계속 틀어박혀 서류만 보는 일이 아니라 직접 현장을 다니면서 여러 가지를 분석하고 배우는 일이 아빠가 하는 일이구나!'

그렇게 나는 아빠의 사례로 리포트를 작성했다. 해당 토지와 관련한 여러 명의 사람들에게 인터뷰했고, 직접 측량자료 등을 수집하면서 열심히 리포트를 작성해 제출했다. 기말고사 날이 다가왔고, 어떻게 결과가 나올지 몰라 기말고사 공부도 열심히 했다. 사실 자신감은 있었지만 결과가 어떻게 될지 몰랐고, 공인중개업 공부를 하는 선배들도 많았기 때문에 긴장되는 건 어쩔 수 없었다. 교수님께서 시험지를 들고 강의실로 들어오셨고, 이번 리포트에 대해서 전반적으로 이야기해주셨다. 그러고는 발표하셨다. 정말 두근거렸다.

"이번 1등 팀은… 김진실, 정윤하 팀입니다. 고생하셨습니다. 남들과 다른 부동산 소송사례를 열심히 찾아본 것 같더군요. 재미있는 사례였고 보고서도 너무 잘 작성했습니다. 재미있게 읽었습니다. 수고하셨어요. 이제 이 학생들은 그냥 나가도 되고 나머지 학생들은 기말고사를 치르도록 하겠습니다."

나와 파트너는 조용히 강의실을 나왔다. 그렇게 강의실 밖을 나오자마자 환호했다!

"꺄아! 대박, 만세! 정말 고생했어!"

그때 그 희열을 나는 잊지 못한다. 그리고 그때가 내가 부동산 쪽으로 진로를 바꾸게 된 첫 단추가 되었다.

공인중개사 vs 세무사 중 내 선택은?

아빠에게 회계사가 무슨 일을 하는지 정확히 알고 있냐는 질문을 들은 후, 회계사에 대해 더 알아보니 회계사는 타인에 대한 회계, 세무, 재무자문 등의 직무를 수행하는 전문직이라는 것을 알게 됐다. 회계사와 세무사의 차이는 감사 업무의 차이가 있는데 회계사는 감사 업무를 함께할 수 있고 세무사는 감사 업무 외의 세금 관련된 모든 일을 하는 전문가였다. 나는 이때 감사 업무에 대해 처음 알게 되었다. 나는 감사 업무에 큰 흥미를 느끼지 못했다. 아빠는 옛날부터 나에게 이런 질문을 많이 했다.

"너는 꿈이 뭐니?"

"회계사요."

"그럼 그 직업, 그 자리에 위치하고 나서는 뭘 하고 싶은데?"

"회계 업무요!"

"그럼 이런저런 회계 업무를 하면서 너는 정말 뭘 하고 싶은데?"

"돈을 많이 벌겠죠?"

"돈 많이 벌면 뭘 하고 싶은데?"

"…."

아빠는 꿈은 직업으로만 그치는 게 아니라는 말을 자주했다. 사전적 의미로 꿈은 '실현하고 싶은 희망이나 이상'이다. 아빠는 목표가 회계사가 될 수 있어도 그 목표를 넘어서 내가 정말 하고 싶은 일을 찾아보라고 하셨다. 나는 예전부터 주변 친구들에게 도움이 되고 싶다고 많이 생각했다. 그런데 어렸을 때는 내가 공부한 것들을 주변 친구들에게 알려주는 것이 유일하게 내가 줄 수 있는 도움이었다. 멘토멘티 프로그램으로 친구들에게 공부를 알려주며 내가 누군가에게 도움이 될 수 있다는 사실에 뿌듯했다. 그때의 경험으로 나는 정말 열심히 공부한 지식들을 통해 주변 친구들에게 도움을 줄 수 있는 사람이 되고 싶었다. 내가 정말 하고자 하는 일, 남들이 어려워하는 지식을 내가 공부해서 알려줄 수 있는 일, 그리고 현재 내가 흥미 있어 하는 공부는 회계와 부동산이었다. 하지만 공인중개사보다는 세무사가 돈도 더 잘 벌 수 있을 것 같고, 멋있어 보였다. 그래서 세무사 일을 하기로 다시 결정했다. 부모님께는 회계사가 아닌 세무사 시험 준비를 해보겠다고 다시 이야기했다. 그런데 아빠와 대화를 나누면 나눌수록 또 아빠의 눈이 여우같이 길어지는 게 보였다.

"너는 왜 세무사가 되고 싶어?"

"저는 열심히 공부한 지식으로 남들에게 도움을 주는 일을 하고 싶어요. 공인중개사랑 세무사랑 고민했는데 세무사가 되는 것이 훨씬 더 어렵고 돈도 많이 버니까 세무사로 준비해보려고요!"

"어떤 일을 하고 싶은지에 대한 비전은 잘 세웠구나. 그런데 세무사가 돈을 많이 벌어? 아빠는 부동산 일로 세무사보다 더 많이 버는데?"

"세무사는 전문직이고 시험에 합격하는 것도 힘들어서 그래도 공인중개사보다는 훨씬 안정적인걸요? 그리고 공인중개사는 어느 정도 영업이 필수적인데 세무사는 굳이 영업을 하지 않아도 되잖아요."

"세무사도 영업이야. 모든 일에는 영업이 빠질 수가 없단다. 세무사 일을 더 하고 싶은 이유가 단지 안정적이라는 이유 때문이야? 돈을 더 많이 버는 것 때문이기도 하고?"

"그렇죠⋯?"

세무사는 시험도 어렵고 또 전문직이니까 당연히 돈을 많이 벌 거라고 생각했다. 그리고 알아서 손님들이 찾아올 줄 알았다. 영업도 필요 없을 줄 알았다. 나는 영업해야 하는 일은 엄청 힘들어 보였기 때문에 무작정 피했다. 하지만 아빠는 내가 그런 생각을 가지고 있다는 걸 알고 시간과 파이에 대한 이야기를 해주셨다.

"진실아, 우리에게 시간은 절대적이란다. 같은 시간을 가지더라도 누군가는 한 시간에 100만 원을 벌고 누군가는 한 시간에 만 원을 벌지. 같은 시간 속에서 누군가는 아무리 발버둥치고 죽어라 밤새서 일해도 하루에 30만 원을 버는데 비해, 누군가는 하루에 100만 원, 1,000만 원, 그것보다 더 많이 버는 사람도 있단다."

아빠의 이야기를 들으니 세무사라는 직업은 그 절대적인 시간 속에서 크게 매력적인 직업은 아니라는 생각이 들었다. 한정적인 시간 속에서 더 많이 벌고 싶어도 내가 직원을 늘리지 않는 이상 정해진 24시간에서 내가 일할 수 있는 노동력은 한정되어 있는 직업이었다. 아빠는 절대적인 시간 속에서 같은 한 시간이라도 더 효율적으로 사용할 수 있는 방법을 생각해보게끔 이야기해주셨다. 내게 주어진 시간이 한정적이라는 사실에 대해 전혀 생각하지 않았던 나는 아빠의 이야기가 신선한 충격으로 다가왔다. 그리고 아빠의 마지막 말이 머리를 강하게 때렸다.

"너, 한 건에 15만 원을 버는 사람이 되고 싶어? 한 건에 1,500만 원을 버는 사람이 되고 싶어?"

열심히 일하면 돈은 저절로 내가 사용하기 충분할 만큼 따라올 것이라고 생각했던 나에게 아빠의 이야기는 뒤통수를 맞은 것 같은 충격이었다. 그리고 무작정 열심히 한다고 돈을 많이 버는 것이 아니라는 현실을 마주하게 했다. 남들이 선망하는 직업, 즉 전문직에서 일하게 되면 모든 게 편하고 쉬울 줄 알았는데 그렇지만은 않았던 것이다. 선망하는 직업을 가진 사람들이 모두 돈을 잘 벌고 부자가 되지는 않았다. 아빠는 정말 돈을 많이 벌고 싶으면 어떻게 돈을 벌어야 하는가에 대한 방법도 생각해야 한다고 하셨다.

아빠가 지금껏 해줬던 이야기들을 찬찬히 고민해보았다. 이제는 대학교 4학년 마지막 학기를 맞이해서 내가 정말 어떤 방향으로 내 미래를 준비해야 할지 중요한 선택을 해야 했다. 내가 무엇을 가장 중요하게 생각하는지, 돈을 보지 않더라도 무슨 가치를 중요하게 생각하는지, 그리고 내가 어떤 일을 할 때 행복할지에 대해 고민했다. 또 만약 내가 정말 하고 싶은 일을 찾았고, 돈을 벌기 위한 목표가 있다면 어떻게 돈을 벌 수 있을지도 고민했다.

많은 고민 끝에 내가 지금 해야 할 일이 무엇인지 결정했다. 바로 아빠의 직장에 들어가 아빠에 대한 모든 것을 알아내는 것이었다. 어떤 꿈을 가지고 일에 임하고 있는지, 일에 대한 마인드와 정신은 어떤지, 어떤 비전과 목표를 세우고 있는지, 일을 할 때 행복하다고 말하는 아빠는 어떻게 일하면서 행복하다고 느끼는 건지 알아보고 싶었다. 늦었다고 생각했을 때가 가장 빠르지 않은가? 남들은 지금 일할 때라고 외치지만 나는 삶의 방향에 대한 목표를 명확히 잡아야 여러 길에서 헤매지 않고 분명하게

갈 수 있다고 생각했다. 그렇게 나는 아빠가 하고 있는 부동산 일과 관련된 자격증인 공인중개사 공부를 하는 동시에 아빠의 직장으로 들어가 아빠가 하는 부동산 일을 지켜보고, 따라다니기로 결정했다.

PART 2

아빠는 어떤 마인드로
일하는 거야?

유튜브를 시작한 아빠
아빠, 그렇게 하면 누가 봐? 어? 벌써 구독자가 1,000명?

못해도 괜찮아. 어떻게든 시작부터 해봐!

2019년, 아빠가 유튜브를 시작했다. 사실 이때까지도 아빠가 유튜브에 대해서 잘 모른다고 생각했다. 보통 유튜버가 된다고 하면 다들 영상 촬영 장비부터 구입한 후, 화질 좋은 영상을 촬영하고 이후 다양한 편집 프로그램과 기술을 통해 시청자 입장에서 보기 좋은 영상을 편집해서 올려야 진짜 유튜버라고 생각했다. 그렇게 하지 않으면 구독자가 절대 생기지 않을 거라고 생각했다. 대충 찍은 걸 누가 보고 싶어할까?

그런데 내가 옆에서 지켜본 본 아빠는 유튜브 채널을 자신의 동영상 저장 폴더쯤으로 생각하는 것 같았다. 아빠가 업로드한 영상을 보니, 휴대폰 카메라를 차 앞에 대충 얹어 놓은 다음에 차를 타고 가면서 "여긴 어디고, 저긴 어디고"처럼 혼자 말하는 것을 촬영한 것이었다. 거치대도 없이 걸쳐놓아서 구도도 기울어져 있었다. 에휴, 이건 분명 자기만 보려고 대충 찍은 영상이다! 도대체 누가 이런 걸 볼까? 누가 보라고 만든 영상도 아닌 것 같아서 별로 관심도 갖지 않았다. 아빠는 그렇게 용인, 안성, 평택, 화성 일대를 돌아다니는 영상들을 계속 촬영했다.

무작정 덤비다 보면 어느새 완성되어 있다

6개월이 지났을까, 아빠는 또 새로운 시도를 했다. 나에게 컴퓨터로 화면 녹화하는 법을 물어보았는데, 마침 코로나의 여파로 나도 학교에서 온라인 수업을 듣고 있는 터라 그 기능을 자주 이용했기 때문에 아빠에게 화면 녹화하는 방법을 알려주었다. 또 이거 가지고 뭘 하려나 시큰둥하게 아빠가 작업하는 걸 옆에서 지켜보았다. 아빠는 만 원짜리 마이크를 구입해 컴퓨터에 연결한 후, 모니터 화면에 카카오맵과 경기부동산포털 지도를 띄어놓고 마우스로 이리저리 정신 없이 화살표를 움직이며 지도를 설명했다. PPT를 별도로 만든 것도 아니고 사진 찍은 자료들을 대충 파워포인트에 옮겨서 그걸 넘기면서 설명했다. 사진을 찍은 자료는 포스트잇도 그대로 붙여져 있었다.

아빠는 지도와 스캔한 파일 2개로 30분이 넘는 시간 동안 쉬지 않고 설명했다. 대본도 없이 즉석에서 말하는 것 같았다. 그러다 보니 중간중간 '음…' 하는 소리와 버벅거리는 소리도 다 담겼다. 그런데 아빠가 그 영상을 편집 하나 없이 바로 업로드하는 게 아닌가! 보통 영상편집이라는 걸 하지 않나? 나는 머리가 하얘졌다. 편집을 전혀 하지 않은 영상을 그대로 올리다니, 아빠가 너무 대충하는 거 아닌가 하는 생각이 들었다. 역시나 구독자 수가 잘 안 나와서 저러다 말겠지 싶었다. 영상을 올리고 이삼 일이 채 되지 않았을 때였다. 아빠가 퇴근 후, 즐거운 표정으로 가족들을 불렀다.

"여보, 진실아, 진우야, 진혁아. 아빠 유튜브 조회수가 1,000회가 넘었다."

"엥? 1,000회?"

가족 모두가 놀랐다. 사실 내가 제일 놀랐다. 실제로 아빠가 어떻게 작업했는지 옆에서 봤기 때문에 저 영상을 누가 보겠냐라고 생각했는데 조회수가 1,000회라니! 그런데 더욱 놀라운 건 1,000회가 넘자마자 그다음 날은 2,000회를 넘겨버렸다. 1,000명을 찍자마자 조회수는 급격하게 더 많이 올라갔다. 그리고 댓글도 달렸다. 심지어 다음과 같이 좋은 반응이었다.

"목소리에서 열정이 느껴지시고, 이렇게 좋은 정보를 공짜로 들어도되나 싶을 정도로 내용이 좋습니다."

"안성 지역 저도 관심 있게 보고 있습니다. 잘 배우고 있습니다^^"

그렇게 시작했던 아빠의 유튜브 채널은 현재 구독자 10만 명에 다가서고 있다. 유튜브를 시작하려는 직원들에게도 아빠는 항상 이야기한다.

"유튜브 시작하는 걸 너무 어렵게 생각하지 마. 일단 시작해봐! 완벽한 영상이 아니어도 돼. 일단은 주기적으로 꾸준히 올리는 것에 집중하는 게 더 중요해. 주기적으로 올리는 게 습관이 되면 그때부터 퀄리티를 높여도 늦지 않아."

맞다. 나는 시작조차 하지 않았다. '나는 아직 준비가 안 되어서 시작을 안 하는 거야'라는 핑계로 해야 할 일을 미뤘다. 아빠는 시작이 중요하다는 것을 이미 알고 있었던 것이다. '시작이 반이다'라는 마음으로 남들이 보기에는 엉성하게 유튜브를 시작했지만 지금은 그 누구보다 좋은 품질의 영상으로 중요한 정보를 전달하는 토지 전문가 유튜버로 자리매김했다. 심지어 다른 부동산 업체에서도 아빠에게 영상을 만들어달라고 외주가 들어오기도 한다. 아빠의 영상이 30개 넘게 쌓이면서부터 구독자가 더 많이 늘었고, 유튜브 채널이 정착하면서 영상을 전문적으로 편집하는 실장님을 고용해 좋은 퀄리티의 영상을 많이 제작하고 있다.

아빠가 시작조차 하지 않았다면 영상이 여러 개가 쌓였을 리 없었고, 또 그렇게 쌓이지 않았다면 유튜브 채널이 정착하지 못했을 것이며, 편집자도 고용할 필요가 없었을 것이다. 그리고 10만 구독자를 바라보는 유튜버가 되지도 못했을 것이다. 이 모든 건 '엉성한 시작'에서 시작되었다. 도자기를 만드는 것을 보면 처음에는 울퉁불퉁 흙 반죽으로 시작한다. 가만히 보면 '이게 그릇이 될까' 싶은데 한 손, 한 손, 다듬고 문지르고 부족한 부분을 채우다 보면 예쁜 그릇으로 변한다. 이처럼 비록 첫 시작이 울퉁불퉁 서투르더라도, 일단 시작하면 시작을 발판 삼아 언젠가는 정말 많이 성장한 나를 만들어갈 수 있지 않을까? 내가 하고자 하는 게 있다면 무작정 덤벼보자. 일단 시작해보자!

모든 것을 다 오픈하는
오픈마인드
아빠, 그렇게 정보를 오픈하면 남는 게 있어?

정보의 전쟁터, 부동산 시장

부동산 시장은 정보의 전쟁터다. 특히 투자에 있어서는 많은 정보를 알고 있는 사람이 오르는 땅, 개발 호재가 있는 땅을 잘 구별할 수밖에 없다. 그런데 더 중요한 게 있다. 정보를 많이 가지고 있다고 해서 부동산 투자를 잘하는 것이 아니다. 오르는 땅의 권리를 잘 분석하는 것, 즉 여러 가지의 정보들을 종합해서 어떤 위치의 땅이 오를지 잘 분석하는 사람이 부동산 투자에서 높은 수익률을 얻어갈 수 있기 때문이다.

주식도 마찬가지다. 기업의 재무제표라는 정보는 모두 공개되어 있다. 정보는 널려 있지만, 펀드매니저가 더 높은 수익률을 가져갈 수 있는 이유는 어떤 기업이 더 성장할지 여러 정보를 잘 분석해낼 수 있는 전문적인 능력이 있기 때문이다.

엄청난 정보와 가장 가까이 있어도
관심이 없으면 보이지 않는다

신 사무장님께서는 아빠와 정말 오랫동안 일해오신 분이다. 신 사무장님과 아빠는 정말 독특한 인연으로 만나게 되었다. 아빠가 부동산 일을 시작한 지 얼마 안 됐을 때, 등기를 하기 위해 여러 법무사사무실을 돌아다니셨다고 한다. 그때 신 사무장님을 만났는데, 처음 신 사무장님께 등기를 맡기면서 정말 깔끔하게 일을 잘하는 분이라는 걸 알았지만, 이후 사무장님께서 잠시 법무사사무실의 일을 쉬셨기 때문에 인연은 거기서 멈췄다. 시간이 흐르고 아빠는 토지 공유물 분할과 관련해서 깔끔하게 지분을 나누고 면적을 나눠줄 수 있는 법무사를 찾고 있었다. 하지만 깔끔하게 그 일을 처리해줄 사람을 찾는 게 쉽지 않았다. 부지런히 법무사사무실을 찾아 헤매던 중, 이전과 다른 사무소에 계신 신 사무장님을 발견한 것이다. 아빠는 다시 만나게 되어 너무 반가웠고, 신 사무장님은 너무 복잡해서 아무도 하지 못했던 공유물 분할 건의 지분 계산을 깔끔하게 마무리해주셨다.

이때부터 아빠는 모든 일을 신 사무장님께 전적으로 맡겼다. 그분은 매일 새벽마다 법무사 공부를 한다. 끊임없이 공부하고 자신의 역량을 올리는 분이시다. 정말 법무에 있어서는 엄청난 전문가이시다.나도 법무사 일을 배우면서 알게 된 사실인데, 법무사사무실에서 일하는 분들도 자기가 자신 있는 전문 분야만 정확하게 알지 법무 전반에 대해 모두 전문가인 사람은 극히 드물다. 하지만 신 사무장님은 끊임없이 공부하시기 때문에 여러 방면에서 많은 것들을 깊이 알고 있는 진짜 전문가이시다.

그런데 한 가지 흥미로운 사실은 아빠와의 인연으로 신 사무장님은 아빠와 관련된 부동산의 모든 등기를 맡아왔고, 그렇기 때문에 아빠가 어떤 토지에 개발 호재가 있다고 말하는지, 어디 쪽 토지를 매입하는지, 아빠가 어디 지역에 집중하는지 알고 계셨지만 정작 부동산 투자에는 관심 없으셨다는 것이다. 그저 등기 업무와 법률 업무에 집중하셨을 뿐이다.

오픈마인드 회사의 투자자분 중에는 돌을 깨는 사장님이 계신다. 그분이 공사하는 곳을 들어보면 정말 개발 호재가 엄청난 곳만 돌아다니시는데, 정작 자신의 업무에만 집중하다 보니 이 지역에 엄청난 호재거리가 많다는 사실과 투자하기 좋은 땅이 많다는 사실은 알지 못하셨다. 애초에 투자에는 관심이 없으셨던 것이다. 사장님의 머릿속에는 온통 어떻게 하면 이쪽 땅의 돌을 잘 깰 수 있을까, 어떻게 이 돌 깨는 사업을 따낼 수 있을까만 있었던 것이다.

아빠의 정보를 활용하는 사람들

나는 신 사무장님과 함께 주로 화성에서 법무사 일을 했다. 사무장님께서 자주 다니는 거래처 중 한 부동산 사무실에 방문했을 때의 이야기다. 신 사무장님과 나는 함께 다니면 이런 말을 자주 들었다.

"어머, 혹시 딸이에요?"

"호호, 아니요. 오픈마인드님 아시죠? 그분 따님이에요. 요즘은 제가 데리고 다니는 직원이기도 하구요."

화성 마도, 송산 쪽에 있는 공인중개업소에 찾아가면 대부분 오픈마인드를 안다. 왜냐하면 아빠가 화성의 여러 개발 호재를 유튜브에서 많이 설명했기 때문이다. 아빠는 지역 관공서에도 왔다 갔다 하시면서 화성 마도와 송산 일대를 엄청 열심히 임장을 다녔다. 그렇게 다니면서 찾은 여러 정보를 가지고 화성의 개발 호재 소식과 관련해 권리 분석한 내용을 유튜브에 공개하셨다. 그 공인중개업소의 사장님도 역시 오픈마인드를 바로 아셨다.

"오픈마인드님 딸이에요? 어머! 오픈마인드님이 화성을 정말 잘 소개시켜주셔서 저희도 손님 분들에게 오픈마인드님 영상을 먼저 보고 오시라고 소개해드려요! 오픈마인드님께서 화성에 대해 1시간 동안 깔끔하게 정리해서 설명해주신 영상 아시죠? 그렇게까지 잘 정리된 영상은 유튜브 어디에서도 못 찾아요. 엄청 유익하더라고요!"

그 사장님도 아빠의 영상을 참고하시는 것 같아 보였다. 특히 아무것도 모르고 대뜸 땅을 사러 오시는 손님들에게 그 지역의 개발 호재를 일목요연하게 설명하기가 쉽지 않은데 영상을 보면 깔끔하게 전체적으로 설명이 가능하니까 큰 도움이 되었던 것이다. 그런데 나는 의문이 들었다. 다른 화성의 여러 공인중개업소에서도 '오픈마인드' 하면 알 정도로 많이들 아빠의 영상을 보고 있다는 건데, 그러면 거기에 나온 정보를 다들 많이 사용하고 있을 것이다. 이렇게 정보를 다 오픈해도 아빠에게 크게 도움되는 것이 없는데 아빠는 왜 정보를 모두 공유하는 걸까? 나는 의문이 들었다.

정보의 문이 닫혀 있는 부동산 시장

부동산 시장은 정보를 공유하는 것을 굉장히 꺼리는 특성이 있다. 그 중에서도 토지 시장은 이런 분위기가 더욱 심하다. 누군가 공인중개업소에 찾아가서 토지에 대해 물어보면 사장님들은 고객에 대해 먼저 판단한다. 고객이 토지에 대해 잘 모르는 것 같거나 거래까지 이어지지 않을 것 같다 싶으면 퉁명스럽게 이야기하는 사장님들을 많이 볼 수 있다. 열심히 컨설팅을 해줬는데, 계약은 다른 중개업소에서 하는 경우를 너무 많이 봐왔기 때문에, 자기와 매매계약을 할 거라는 확신이 들기 전까지는 정보를 공유하는 것을 꺼린다. 부동산은 정보가 핵심인 시장이기 때문이다. 그래서 정말 살 마음이 있어 보이거나 돈이 준비되어 있는 고객에게만 정보를 공유하는 공인중개업소도 많다. 너무하다 싶은 생각이 들겠지만 공인중개업소의 사장님들 입장도 이해가 된다. 토지 시장에서는 여러 공인중개업소를 다니면서 간을 보는 사람들도 매우 많고, 서로 뒤통수치는 일도 비일비재하기 때문에 이런 분위기가 만들어진 게 아닐까 싶다.

그런데 아빠는 달랐다. 가능하면 많은 사람이 알 수 있도록 모두가 볼 수 있는 유튜브에 새로운 개발 소식이나 어떤 지역이 괜찮은지, 그리고 그 지역이 어떤 면에서 투자 가치가 높은지 등 아빠가 분석한 정보를 마구 공유했다. 정보를 너무 많이 공개해서 그 일대 공인중개업소 사장님들에게 왜 이렇게 다 말해주느냐고 싫은 소리를 들을 정도였다.

이렇게 좋은 정보를 나 혼자만 안다고? 그럴 수 없지!

평택 고덕신도시 개발이 막 시작되었을 때였다. 고덕신도시에서 가장 먼저 파라곤과 자이 아파트가 세워졌다. 우리 가족은 자이 아파트 청약에 당첨되어 거주하게 되었는데, 당시 고덕신도시 주변은 정말 황무지였다. 아파트 입구에 편의점이 달랑 하나밖에 없었고, 20분 정도 걸어 나가야 중심 상권에 있는 상가를 이용할 수 있었다.

자이 아파트에 입주한 지 2개월 후, 바로 옆 아파트인 평택 고덕 파밀리에 아파트의 입주가 시작되었다. 그런데 그 아파트는 입주할 때부터 많은 세대가 미분양된 상태였다. 그도 그럴 것이 10년 민간임대이기도 했고 아무것도 없던 텅 빈 고덕신도시의 초기 아파트 단지였기 때문에, 사람들 눈에는 큰 메리트가 없어 보였던 것이다. 아파트 주변에 건물도 상권도 하나 없었던 황무지인 데다 임대아파트였던 파밀리에 아파트는 사람들의 눈을 사로잡기 어려웠다. 파밀리에 아파트는 계속해서 미분양 상태였다. 그런데 아빠의 눈은 달랐다. 지금은 황무지 같은 이곳이 오랜 시간이 지나지 않아 채워질 것이고, 아파트 가격은 엄청나게 오를 것이라는 걸 이미 알고 있었다. 또한 삼성의 공장이 생기면서 그에 따라 이곳에서 일하는 노동자의 수가 물밀듯이 몰려와 주택에 대한 수요가 넘칠 것이라는 것도 이미 예견하고 있었다. 그렇기에 당시에는 외면받던 그 임대아파트가 가격이 오를 것이라고 확신했고, 주변 사람들에게 투자하기 좋은 아파트라며 가격이 올라가기 전에 투자하라고 소개하기 시작했다.

파밀리에 아파트는 오랫동안 미분양이 된 탓에 별 다른 조건이 없이 분양하고 있던 터라 누구나 다 들어올 수 있는 정말 좋은 조건이었다. 하지만 생각보다 홍보도 잘 안 되어 있었고, 그 당시 도시 인프라가 너무 부족했기 때문에 사람들이 크게 눈독 들이지 않았었다. 아빠는 '도저히 안 되겠다. 이렇게 좋은 조건과 입지의 아파트를 다른 사람들한테도 많이 알려야겠다. 왜 이 좋은 걸 나만 알고 있지?'라고 생각하며 적극적으로 소개했다. 돈이 없어서 신도시에 살지 못하는 사람들, 또는 돈이 없어서 쉽게 투자하지 못한 사람들이 이런 기회를 잡았으면 하는 마음에 아빠는 주변 사람들에게 많이 추천해주었다. 주변 사람들이 좋은 기회를 잡아 함께 잘 살았으면 하는 마음이었고, 이런 좋은 정보를 나만 아는 것이 아니라 나와 가까운 사람들도 함께 이 정보의 혜택을 누렸으면 하는 생각뿐이었다.

아빠의 유튜브는 토지에 대한 권리분석을 하는 토지 소개 전문 유튜브다. 그런데 갑자기 아빠가 아파트를 소개하겠다고 선언했다. 홍보를 한다고 돈을 받는 것도 전혀 아니었다. 단지, 이 아파트가 홍보가 잘 안 되어 사람들이 잘 모르기 때문에 이 혜택을 누리지 못하고 있다는 생각에 입지와 권리를 분석한 영상을 만들어 유튜브에 올려야겠다고 했다. 한 번도 아파트 영상을 담아본 적이 없었던 아빠의 유튜브에서 처음 소개하는 아파트 소개 영상이었다. 나는 '아빠한테 이익이 될 것도 없는데 굳이 왜 계속해서 알리는 거지? 남 좋은 일만 하는 것 같은데…'라는 의문이 들었다. 그런 의문 속에서도 아빠는 꿋꿋이 열심히 영상을 제작해 유튜브에 올렸다.

그때부터였다. 문의 전화가 빗발쳤다. 하필 금요일이 공휴일이어서 분양관은 문을 열지 않았고 수많은 사람이 분양을 받고 싶다고 연락이 왔다. 아빠는 고덕신도시에 있는 공인중개사를 소개시켜줬다. 금, 토, 일 주말 동안 정말 많은 전화가 쏟아졌고 사람들의 관심이 엄청나게 몰렸다. 그렇게 분주한 주말이 지난 뒤 월요일이 되자 분양관은 난리가 났다. 아빠의 영상 하나로 인해 공실이 순식간에 채워졌다. 이 일로 인해 고덕에 있는 부동산에는 아빠의 소문이 자자했다. "오픈마인드가 누구냐"며 부동산 사무실에서도 너도나도 아빠 이야기를 했다. 영상을 본 많은 사람들이 고덕에 있는 공인중개업소를 찾아가 계약했기 때문이다.

지금 파밀리에 아파트 앞에는 많은 중심 상가들이 구비되어 있다. 맨처음 파밀리에 아파트가 생겼을 때만 해도 주변이 황무지였는데 지금은 각종 병원과 학원이 모여 있는 중심 상가가 가득한 곳이 되었다. 이곳의 주변 아파트 가격도 많이 올랐다. 신도시에서 살고 싶은 사람은 많지만 생각보다 금액이 비싸서 신도시에 오지 못하는 사람도 많다. 아빠는 알고 있었던 걸까? 많은 사람들이 좋은 기회의 주거 혜택을 누리고 더 안락하고 편안한 생활을 했으면 하는 마음이 아빠에게는 항상 있었다. 그래서 이런 기회를 쉽게 만나지 못하는 사람들에게 그 기회를 찾아주고, 알려주고자 애썼다. 그리고 정보를 알지 못해 누리지 못하는 사람들에게 어떻게든 더 알려주고 함께 누릴 수 있도록 노력했다.

아빠는 오픈마인드니까

'아빠는 왜 이렇게 남 좋은 일만 할까?'

너무나도 의문이었다.

"아빠, 왜 이렇게 다 공개해? 손해가 아니야? 왜 이렇게 정보를 알려 줘? 남들은 정보가 돈이라서 꼭꼭 숨기기 바쁜데 왜 스스로 손해를 보려고 해?"

"진실아, 아빠가 메마른 땅에서 목이 너무 말라 열심히 수맥을 찾았어. 그렇게 열심히 수맥을 찾던 중 한 곳을 팠는데 물이 펑펑 흘러넘치는 거야. 운이 좋게도 물이 샘솟는 곳을 잘 팠던 거지. 그런데 내가 아무리 욕심을 부려도 그 물을 나 혼자 다 마시지는 못해. 그러면 굳이 그걸 모두 갖겠다고 욕심부릴 필요가 있을까? 주변에 물이 없어 갈증으로 목숨을 잃어가는 사람들이 있는데 그분들과 함께 물을 나누어 마시면 어떨까? 아빠는 사람들과 함께 마실 충분한 물이 나에게 있다면 기꺼이 나눠줄 수 있다고 생각해. 내가 굳이 욕심부려서 이윤을 얻고 싶지 않아. 하나님께서 우리에게 어떻게 말씀하셨어? 나눔, 사랑, 섬김 이런 걸 말씀하셨지, 욕심에 대해 말씀하시지는 않았잖아. 아빠는 네가 하나님께서 우리에게 대가 없이 사랑을 베푸신 걸 잊지 않았으면 한단다. 네가 하나님께 받은 그 사랑을 남에게 베풀면 아빠도 더 기쁠 것 같아."

"아빠, 그러면 우리 주변에 친한 사람들, 가까운 사람들만 함께해도 충분하잖아. 근데 왜 굳이 아빠의 시간과 에너지를 사용하면서 이 세상 모든 사람들과 함께 나누려고 해? 아빠가 모든 사람들을 살릴 수 있는 자선단체도 아니고 써도 써도 없어지지 않는 돈을 가지고 있는 것도 아닌데 말이야."

"아빠 주변에 있는 사람들 말고도 정말 저 멀리서 물을 절실히 원하는 사람들이 있어. 그 사람들은 그런 정보들을 알 수 없어서 어디에 물이 있는지 찾아 헤매다가 목이 말라 죽어가기도 한단다. 아빠는 그런 사람들을 위해서라면 목청껏 소리 질러서든, 광고를 해서든 더 멀리 있는 사람들까지 들을 수 있도록 함께 나누고 싶어. 하나님께서 아빠에게 주신 인간 본연의 마음은 어려운 사람들을 돕는 것 같아. 나만 잘되기보다는 주변 사람들과 함께 더불어 잘 살고 싶어."

1억 원이 있는 사람이 2억 원을 만드는 것은 쉬운데 아무것도 없는 상태에서 1억 원을 만들기란 하늘에 별 따기다. 정보도 마찬가지다. 정보를 가진 사람이 더 많은 정보를 갖는 것은 쉽지만 정보가 없는 사람이 정보를 더 가지는 것은 어렵다. 아빠는 이 원리를 예전부터 잘 알고 있었다. 가진 사람들이 더 가질 수 밖에 없는 이 세상에서 아빠는 자기가 가진 정보를 기꺼이 나눠줄 수 있는 마음을 갖고 있었다. 아빠가 알고 있는 것들을 가지고 굳이 욕심부리려는 마음은 없었다. 오히려 자신이 알고 있는 것들로 다른 사람들을 도울 수 있음에 기뻐했고, 그 일로 보람을 느꼈던 것이다. 그러면 아빠가 얻는 건 뭘까? 보람? 그것뿐인가? 궁금해진 나는 아빠에게 물었다.

"아빠, 그러면 아빠가 얻는 건 뭐야?"

"나는 일하면서 만나는 고객들에게 내가 알고 있는 정보들을 오픈해. 누군가에게는 이런 정보가 정말 절실하게 필요했던 정보였을지도 모른단다. 정말 도움이 필요했던 사람들에게 정보를 공유하고 도움을 주고받다 보면 그 인연을 통해 친구가 된단다. 이렇게 시작된 인연으로 인해 우리는 계속 연락하는 사이가 되지. 너무 즐겁지 않니? 이런 인연을 통해 서로 기분 좋게 연락할 수 있는 친구가 생긴다는 것이? 나는 그 사람들과 좋은 친구 관계가 되는 것에 정말 보람을 느낀단다. 가끔 아빠가 그분들이 사는 지역에 방문할 일이 있어 연락하면 그분들은 당장 버선발로 뛰쳐나와 밥이라도 사주려고 하신단다. 자기가 사는 지역에 오면 꼭 연락 달라고 부탁하시기도 해. 아빠가 그런 걸 바란 건 아니지만 언제 어디서든 연락했을 때 기쁘게 맞이해줄 수 있는 친구가 있는 게 얼마나 행복한지 몰라. 만나기만 해도 좋은 친구 말이야. 아빠는 전국에 진짜 친한 친구 100명을 만드는 것이 목표야."

나는 처음에 아빠가 유튜브를 시작할 때 왜 이름을 오픈마인드로 지었을까 궁금했다. 그냥 갑자기 생각나는 이름으로 지었겠지 생각하며 물어보지 않았다. 하지만 시간이 지난 후에야 왜 오픈마인드인지 깨달았다. 아빠는 처음부터 자기가 알고 있는 좋은 정보를 사람들과 공유하고 도움을 주기 위해 유튜브를 시작했고, 나누는 것이 손해가 아니라고 생각했다. 아빠는 여전히 나눔을 통해 주변 사람들과 더불어 살아가는 마인드를 가지고 일하고 있다. 그런 아빠의 모습과 진심이 통했을까? 아빠의 고객들, 그리고 아빠의 곁을 지키는 직원들은 그런 아빠의 마인드를 좋아하고, 신뢰한다. 오픈된 마인드로 인해 아빠는 더 많은 것을 얻었다. 주변에 좋은 사람도 많이 얻었고 부도 얻었다. 이 책을 읽는 당신도 함께 나눔을 실천해보기를 바란다. 당신 주변에도 미처 알지 못했던 인연의 씨앗이 싹 틀 것이다.

교육을 시작하다

돈을 내고 교육을 받는 사람이 있을까?

상담으로 시작된 교육강의

유튜브를 통해 아빠에게 토지 상담 문의가 들어왔다. 아빠는 상담을 문의하는 분들을 위해 매번 무료로 상담을 진행했다. 그런데 아빠를 통해 토지에 대한 정보를 알고자 하는 사람들의 수가 점점 늘어났다. 일주일에 한두 번 진행하던 상담이 매일매일 진행되더니 일주일 내내 상담 스케줄로 꽉 차버리게 되었다. 하루 종일 상담만 하고 있을 수는 없는 노릇이었기에 한 주에 이틀을 정해 여러 사람들을 한 번에 상담해주는 방식으로 변경했다. 하지만 유튜브 구독자가 늘면서 사람들의 문의 전화와 상담 요청은 점점 늘어났다. 아빠는 하는 수 없이 상담을 원하는 분들을 토요일 하루에 모아 궁금한 것을 설명해주는 형식의 소규모 강의를 진행하게 되었다. 그렇게 아빠는 3년 동안 무료로 소규모 강의와 상담을 진행했다.

'야나두'에서 제공받은 강의실에서 첫 공식 강의를 열다

어느 날, 아빠는 메일 한 통을 받았다. '야나두'에서 보내온 메일이었다. 강남에 넓은 강의실을 무료로 빌려줄 테니 사용하고 싶으면 언제든지 연락해달라는 내용이었다. 그 메일을 확인한 아빠는 갑자기 부동산 교육을 해봐야겠다고 선언했다. 그것도 돈을 받고 본격적인 교육을 진행해야겠다고 했다. 갑자기 돈을 받고 강의를 진행하다니! 아빠가 누군가를 교육한다고? 그것도 서울에서? 나는 아빠가 아직 불특정 다수에게 강의를 할 만큼의 지식과 경험은 충분하지 않다고 생각했다. 부동산 관련 일을 접한 지 3년밖에 안 됐기 때문이기도 하고, 보통 교육이라고 하면 대학교 교수처럼 한 분야에 온전히 몰두해서 석박사를 딸 정도로 공부해야만 다른 사람을 가르칠 실력이 되지 않을까라고 막연하게 생각했다. 아빠가 대학 교수처럼 여러 전공 서적을 펴놓고 공부하는 모습을 본 적이 없기 때문에 과연 가능할까 의문이었다. 특히, 돈을 받는 강의라면 사람들의 평가도 냉정할 거라는 염려도 되었고, 혹시 아빠가 상처받지 않을까도 걱정되었다. 더군다나 '야나두'라는 큰 교육 플랫폼에서 강의한다니, 상상조차 되지 않았다.

가장 걱정이 됐던 것은 아빠의 부동산 교육을 들으려고 교육비를 낼 수강생이 있는가였다. 당시 아빠의 유튜브 구독자는 3만 명밖에 되지 않았기에 구독자들이 얼마나 들으러 올까도 의문이었다. 구독자들은 온라인상으로 영상을 접할 수 있기 때문에 쉽게 구독을 누를 수 있지만, 오프라인 교육은 시간적·환경적 문제를 다 감수해야 올 수 있기 때문에 사람을 모으기가 더 힘들 거라는 생각이 들었다. 심지어 그때가 코로나가 한창 유행했을 때라서 다들 밖으로 나오는 것을 꺼리던 시기였다. 막상 교육을 열었는데 열 명도 안 오면 어쩌지, 지인만 오는 게 아닌가, 걱정뿐이었다. 부동산 강의가 널리고 널렸는데 과연 아빠의 강의를 들으러 올지 의문이었다. 너무 무작정 도전하는 것 같아서 아빠가 걱정되었다.

그런 내 걱정을 아는지 모르는지 아빠는 강의를 해야겠다고 직원들 앞에서 선언한 후 본격적으로 강의 자료 준비를 했다. 그리고 유튜브 편집 실장님과도 강의 영상을 촬영하기 위해 계속 회의를 했다. 드디어, 준비를 마친 아빠는 유튜브 채널을 통해 오프라인 강의가 있다는 공지를 올렸다. 나는 반신반의하며 얼마나 많은 신청자가 모일지 기다렸다. 그런데 놀랍게도 금방 강의 인원이 차버렸다. 강의는 1회당 50명씩, 네 번에 걸쳐 총 200명을 모집했는데, 200명의 인원이 금세 차버린 것이다. 심지어 '신청하고 싶은데 어떻게 참여가 안 될까요?'라는 내용의 문의 전화도 빗발쳤다.

강의 날이 되었다. 코로나가 한창 유행하던 시기였지만 모든 사람이 마스크를 착용했고, 강의를 진행할 수 있었다. 나 또한 코로나로 대학교 수업이 온라인으로 진행되었기 때문에 강의를 들으러 갈 수 있었다. 코로나로 혼란한 시기였기 때문에 나는 여전히 많은 사람들이 교육을 들으러 올까 걱정되었다. 하지만 내 예상과는 다르게 교육 시간이 다가오자 사람들이 몰려들었다. 강의실은 사람들로 가득 찼다. 그리고 모두 아빠의 강의에 귀를 기울였다. 이전까지는 쉽게 오픈되지 않았던 부동산 시장의 정보에 사람들은 너무나도 큰 관심을 가졌다. 강의를 마친 후, 아빠는 3,000만 원 정도 되는 교육비를 고급 봉투에 정성스럽게 담아 수강생에게 다시 돌려드렸다.

"여러분, 교육비는 제가 다시 돌려드리겠습니다. 이 강의는 돈을 받기 위한 목적이 아닌 정말 이런 정보를 필요로 하고 간절하게 원하는 사람들에게 알려주고 싶어 진행하게 되었습니다. 오늘 들으셨던 이 정보가 여러분의 삶을 변화시키는 시작이 되었으면 합니다. 감사합니다."

사람들의 박수 소리가 강의실을 크게 울렸다. 아빠는 이번 강의를 통해 강의료를 얻은 게 아닌 오히려 고급 봉투를 구입하는 데 50만 원을 지불했다. 하지만 아빠는 이번 강의에서 얻은 게 더 많다고 이야기하셨다. 야나두에서의 강의를 첫 도약으로 아빠는 본격적으로 부동산 유료 강의를 시작하게 되었다. 유료로 강의하게 된 이유는 너무 많은 사람들이 강의를 원하는데 절실하지 않은 사람들이 무분별하게 교육을 신청하는 것을 막기 위해서였다. 수강료를 받고 강의하는 만큼 아빠의 부동산 투자 경험을 하나도 숨기지 않고 몽땅 이야기했다. 이러한 아빠의 솔직하고 진솔한 모습이 교육을 받으러 온 교육생들에게 더 큰 신뢰감을 주었고, 도전 의식을 심어주었다.

이론 공부만 공부는 아니다

나는 아빠가 교수님들처럼 전공서적을 붙잡고 공부하지 않았기 때문에 그만큼 깊은 지식이 없을 거라고 생각했다. 그래서 누군가를 교육하는 것이 가능할까 의문을 가졌다. 하지만 오히려 공인중개사들이 아빠를 찾아와 교육을 받는 것을 보면서 이론 공부만이 공부는 아니라는 걸 확실하게 깨달았다. 아빠의 교육은 이론에서는 도저히 배울 수 없는 실무 정보와 기술이 다양했다. 정말 경험해야만 깨달을 수 있는 지식들, 그리고 세상이 빠르게 변화함에 따라 책이 따라갈 수 없는 속도의 정보를 직접 돌아다니면서 수집했다. 토지와 관련해 지역 토박이 분들의 이야기, 관공서를 돌아다니며 얻은 최신 개발정보, 직접 임장을 다니며 보고 온 현장 자료, 그리고 여러 가지 토목 및 건축 사무실과 소통하며 배우는 건축 정보 등 정말 다양하고 많은 정보를 계속 수집했다. 이렇게 쌓인 데이터는 어느 누구도 따라오기 힘들 정도로 거대해졌고 엄청난 자산이 되었다. 이 모든 것은 이론 공부만으로는 획득할 수 없는 정보였다. 그동안 대학 공부와 자격증 공부에만 집착하던 나는 '이론 공부만이 전부는 아니다'라는 것을 아빠의 모습을 통해 뼈저리게 느꼈다.

열심히 달리면 실력은 따라온다

앞서 이야기했지만, 아빠가 처음 토지를 구매해 부동산 투자에 관심을 갖게 되면서 제대로 공부해봐야겠다라는 생각으로 열심히 공부한 내용을 유튜브에 올렸다. 그렇게 공부한 내용이 쌓이고 많은 정보들이 모이자 유튜브를 본 많은 사람들의 상담 요청이 이어졌다. 그렇게 상담 요청이 오자 아빠는 3년 동안 무료로 사람들에게 부동산 상담과 소규모 강의를 진행했다. 무료였지만 아빠는 온 힘을 다해 사람들에게 좋은 정보를 제공하고자 최선을 다했다. '나에게 무슨 득이 되지?'를 따지기보다 오히려 무료상담을 통해 사람들이 무엇을 궁금해하는지 파악할 수 있는 기회로 삼았다. 어떤 해결과 답변이 사람들의 의문과 고민을 해결할 수 있는지 공부하는 시간을 쌓았고, 또 상담을 계속하면서 강의 능력도 자연스럽게 길렀다. 아빠는 사람들이 궁금한 부분에 대해 더 많이 공부하고 더 많이 상담하는 등 그 순간에 최선을 다했고, 그 시간들을 통해 실력을 향상시키는 단단한 밑거름을 만들어갔다.

아빠는 항상 목숨을 걸겠다는 마음으로 최선을 다했다. 가끔은 자신의 몸도 돌보지 못한 채, 일에 열중했다. 상담 요청이 너무 몰려 목이 쉬어 목소리가 안 나올 때도 있었고, 가끔은 이석증까지 찾아왔다. 그럼에도 상담료나 강의료도 받지 않으면서 열정을 다해 온 힘을 쏟았다.

도대체 아빠가 왜 이렇게까지 열심히 할까라는 의문을 가진 적도 있다. 그런데 지금 와서 돌아보니 목숨을 걸 정도로 열심히 했기 때문에 지금의 자리에 오를 수 있는 튼튼하고도 단단한 실력을 쌓을 수 있었던 것이 아닌가 생각한다. 아빠는 목표한 길을 열심히 달려가다 보면 자신의 실력을 향상시킬 수 있고, 그 분야의 최고 자리에 오를 수 있다는 것을 몸소 보여주었다.

사람을 살리는 대표
아빠가 의사도 아닌데 어떻게 사람을 살려?

"아빠, 아빠는 무슨 일을 해?"

"나는 사람을 살리는 일을 해."

아빠는 사람을 살리는 일을 한다. 보통 사람을 살리는 일이라고 하면 '의사'를 떠올릴 것이다. 하지만 의사는 아니다. 아빠는 아빠의 일을 통해 사람을 살린다. 꿈이 없는 사람들에게 꿈과 도전할 수 있는 힘을 심어주고, 불안과 걱정이 가득한 사람들에게는 긍정과 희망을 심어주는 일을 한다.

직원을 가족처럼 생각하는 아빠, 직원이 힘들 때 기다려주고 감싸주다

우리 회사에는 아빠의 영상 편집을 도와주는 실장님이 있다. 사실, 실장님은 우리 교회에서 함께 크고 자란 교회 언니다. 실장님의 가족들이랑도 친했기 때문에 아빠는 실장님이 성장하는 모습을 모두 지켜봤다. 실장님은 원래부터 밝고 명랑한 사람이었는데, 시간이 흘러 의젓한 청년이 된 실장님을 가까이서 만나게 되었다. 실장님은 청년교구에서 영상편집 전공을 살려 교회에서 필요한 영상이나 청년교구 영상을 멋지게 편집해주는 봉사를 하고 있었다. 아빠 또한 청년교구 부장이었기에 실장님이 멋지게 영상을 잘 만드는 것을 눈여겨보고 있었다.

그러던 어느 날, 아빠가 유튜브를 시작하게 되고 구독자가 차차 늘어날 때 쯤, 실장님에게 간단한 영상 한 개만 제작해줄 수 있는지 의뢰했다. 실장님은 흔쾌히 승낙하며 하루 만에 뚝딱 영상을 만들었다. 아빠는 하루 만에 영상 편집을 해내는 실장님의 실력에 감탄했고, 영상 퀄리티 또한 너무 훌륭하다며 칭찬했다. 그렇게 하나하나씩 영상 편집을 맡았던 실장님은 이제 정식 직원으로 고용되어 오픈마인드 회사에서 함께 일하고 있다.

아빠와 실장님이 함께 일한 지 어언 2년이 지나가는 어느 날이었다. 실장님이 개인적인 일로 인해 많이 어려웠던 적이 있는데, 음식을 먹어도 다 토하고, 가슴이 떨리고, 자주 응급실에 실려갔다. 실장님은 심리적으로 너무 힘든 상태였다. 책임감이 강한 실장님은 자신이 아픈 것 때문에 회사에 피해를 끼칠 것 같다며 일을 그만두어야 할 것 같다고 아빠에게 이야기했다. 아빠는 실장님의 어려운 상황을 다 듣고는 이야기했다.

"일단은 몇 개월 동안 쉬어도 상관없으니까 우선 푹 쉬렴. 지금 당장 일하지 못하는 건 괜찮으니까 부담을 내려놓아도 된단다. 우선은 너의 휴식과 회복이 먼저야. 항상 응원한단다. 지금은 영상을 안 올려도 되니까 푹 쉬고 난 뒤에 생각해보자. 힘들면 언제든 연락주렴."

아빠는 실장님이 쉬고 있는 동안도 빼놓지 않고 월급을 주셨다. 실장님이 병원도 다녀야 하는데 당장에 수입이 끊기면 심리적으로 더 어려울 거라고 생각해서 쉬는 달도 월급을 모두 지급했다. 그리고 회복이 될 때까지 계속 기다려주었다. 그렇게 두 달 정도 지났을까, 실장님은 많이 회복했다. 오히려 믿고 기다려준 것이 실장님에게는 큰 감동과 감사함과 응원이 되어 회복하는 데 큰 힘이 되었다. 하지만 마음의 병은 한순간에 회복되는 것이 아니었을까? 그 후에도 어려운 감정들이 수시로 실장님을 찾아왔다. 그럼에도 불구하고, 아빠는 기다려주었다. 아빠는 실장님이 회복이 된 후에도 너무 무리하지 않도록 많은 일을 시키지 않았다.

아빠는 한 사람이 일을 잘 못 하게 됐다고 내치는 것이 아니라 기다려주었다. 그 시간이 길더라도 충분히 기다려주고 옆에서 조용히 응원해주었다. 지금 실장님은 다른 곳에서도 영상 제작 의뢰가 들어올 만큼 최고의 영상 편집자가 되었다. 실장님은 아빠가 기다려준 시간에 크게 감사해하며 그 시간을 통해 더 단단해졌다. 그리고 현재는 누구보다도 열정적이다. 시키지도 않은 일들을 스스로 찾아서 하고 더 많은 아이디어를 가지고 새로운 것에 도전한다. 지금은 엄청난 꿈과 비전을 꿈꾸면서 그 꿈을 바탕으로 행복하게 더 많은 일들에 도전하고 있다.

어려운 사정을 헤아려주고 이해해주는
착한 사장의 마인드

화성 송산그린시티 주변의 주거지역 땅을 거래했던 일이다. 당시 아빠는 땅을 파는 매도인이었다. 위치가 너무 좋은 땅이었기 때문에 많은 사람들이 아빠의 땅을 구입하기를 원했다. 그 땅을 사고 싶어하는 사람들 중에는 파주에 살고 계신 30대 초반 아기 엄마가 있었다. 특히 그분이 땅을 사기를 간절히 원했기 때문에 그분과 계약했고 계약금을 받았다. 두 달 후, 잔금 기일이 도래했을 때 쯤 계약을 했던 아기 엄마 손님으로부터 전화가 왔다.

"사장님, 죄송한데 제가 돈이 모자라서 계약을 파기할 수 있을까요?"

"아…, 잔금을 치르기 어려우신 거군요. 만약 계약을 파기하면 계약금을 돌려받지 못하는데 괜찮으세요?"

"네, 알고 있어요. 어쩔 수 없죠."

현행법상, 매수인이 매도인에게 지급한 계약금을 포기할 경우 계약을 해지할 수 있다. 그래서 그분은 계약금을 포기하고 계약 해지를 해야만 했던 것이다. 그런데 전화를 끊고 아빠는 마음이 찜찜했다. '이렇게 돈을 벌고 싶은게 아닌데…'라는 생각이 아빠의 머릿속을 스쳤다. 그런데 얼마

지나지 않아 또 다시 전화가 왔다.

"사장님, 그 계약금도 저희에게는 너무 큰돈이어서 혹시 돌려주실 수는 없을까요? 염치없지만 부탁 드립니다."

아빠는 그렇지 않아도 마음이 편하지는 않았기 때문에 계약금을 돌려주었다. 그 손님은 받을 수 없을 거라고 생각하면서도 마지막 희망의 끈을 붙잡고 혹시나 하는 마음에 용기를 내어 전화한 것이었다. 그런데 계약금을 받을 수 있다는 이야기를 듣자 아빠에게 너무 감사하다는 인사를 연거푸 전했다. 아빠의 통화를 옆에서 듣고 있던 나는 통화가 끝난 아빠에게 물어봤다.

"아빠, 계약금을 왜 돌려줬어?"

"음…, 내가 그 돈을 받아서는 부자가 될 것 같지 않아서 그랬어. 이 계약금을 떼인 사람은 얼마나 아깝겠어. 300만 원도 아니고 3,000만 원이야. 3,000만 원 손해를 본다고 생각하면 얼마나 피눈물이 나겠어. 그 사람들도 직장인인데 3,000만 원을 1년 내내 절약한다 하더라도 아이를 키우면 적금으로도 모으기 힘들거든. 한 달에 250만 원 정도는 넣어야 하는데 어떻게 250만 원을 적금으로 넣겠니? 그 생각을 하니까 이거 받아서 내가 부자가 안 될 것 같기도 하고, 이 금액의 돈을 잃은 사람은 엄청난 실의에 빠질 것 같아서 그냥 돌려줬어."

아빠는 남들의 어려움을 이용하지 않았다. 그것으로 부자가 될 수 있을 거라는 생각은 하지 않았다. 남들의 어려운 사정을 자신의 상황으로 생각해주고, 힘든 상황을 헤아리려고 노력한다. 아빠는 지금까지 모든 계약에서 계약이 취소되면 계약금을 돌려주었다.

30년 직장 생활의 매너리즘에 빠진 고객에게
희망을 심어주다

우리 회사는 아빠 고객들의 힐링 장소다. 아빠의 사무실에서는 여러 가지 채소와 나무를 기르고 있고, 또 곤충체험을 할 수 있는 체험장과 통나무집도 있어서 고객들은 아빠의 일터에 와서 느긋하게 자연의 경치를 느끼며 쉬다 가는 걸 좋아하신다. 어느 날, 아빠를 너무나도 좋아해주시는 고객인 대한항공 기장님의 사모님께서 연락을 주셨다.

"대표님, 저희 남편이 요즘 힘든 것 같아요. 긴 시간 동안 직장 생활을 하면서 매너리즘에 빠진 것 같아요. 무슨 일을 하든 기운이 빠져 있네요. 대표님께서 상담을 좀 해주실 수 있을까요?"

"그럼요, 편하게 오세요."

기장님은 30년 넘게 비행기만 조종하셨다. 이제 곧 은퇴 시기가 가까워져 왔고 '은퇴하면 뭐하지? 평생 비행기만 조종하던 내가 뭘 할 수 있지?'라는 불안함과 허무함이 몰려오면서 결국 공황장애에 빠지셨다. 정신과 치료를 받기도 하고, 종교적으로 해결하려고 성경 공부도 했지만 마음이 안정되지 않았다. 계속해서 마음을 잡을 수 없었던 기장님은 굉장히 힘들어하셨다. 그런 상태에 빠진 기장님께 아빠는 확신을 갖고 이야기했다.

"기장님, 책을 한번 써보시죠!"

아빠는 우리 직원들이 요즘 '책 쓰기 프로젝트'를 하고 있다고 이야기했다. 직원들이 책 쓰기를 하면서 각자의 과거를 돌아보고 또, 현재의 모습을 볼 수 있으며, 앞으로 어떻게 살아야 할지에 대한 고민도 하게 되면서 미래를 그릴 수 있다는 것을 이야기했다.

"기장님, 기장님도 파일럿으로 지금까지 대한항공에 다니면서 우여곡절이 있었을 텐데, 그 여러 가지 에피소드를 한번 써세요. 기장님이 외국에 나가서서 경험했던 일들도 있을 거고, 비행기에 대통령이나 수많은 유명인을 태우고 가셨던 그런 에피소드를 한번 적어보면 어떨까요?"

아빠의 이야기를 듣던 기장님의 눈이 초롱초롱 빛나기 시작했다. 기장님이 파일럿 생활을 하면서 경험했던 엄청난 스토리들이 머릿속에 생생하게 떠오르기 시작한 것이다. 기장님의 마음은 끓어오르기 시작했고, 막막했던 앞날에 희망이 보이기 시작했다. 그 날 이후, 기장님은 집에 돌아가자마자 글쓰기를 시작하셨고, 아빠에게 원고를 보내주셨다. 며칠 후, 기장님의 사모님에게서 전화가 왔다.

"대표님, 감사해요. 남편의 공황장애가 많이 극복됐고, 지금은 정말 열심히 글을 쓰고 있어요. 남편에게 희망을 주셔서 감사합니다. 정말 감사합니다."

아빠는 의욕을 상실했던 사람들에게 용기를 불어넣어주고 희망을 심어준다. 아빠에게 고객은 그저 비즈니스 관계로 끝나지 않았다. 함께 나아갈 가족이라고 생각하고, 서로 힘을 줄 수 있는 정말 친한 친구라고 생각한다. 우리 회사가 고객들의 힐링 장소가 된 것은 편안하게 자연의 경치를 볼 수 있기 때문만은 아니다. 희망과 꿈, 그리고 긍정의 밝은 에너지를 전하는 대표와 직원이 있기 때문이다. 이곳에 오기 전까지만 해도 걱정과 근심이 가득했던 고객들은 아빠와 직원들을 만나 이야기를 나누면 어느새 불안이 희망으로 바뀌어 있고, 초조함은 편안함으로 바뀐다. 남들이 "할 수 없다!"를 외칠 때 아빠와 우리 직원들은 "할 수 있다!"를 외치며 구체적으로 할 수 있는 이유들을 만들어간다. 그리고 결과 또한 그렇게 만들어간다. 그런 우리의 모습을 보고 고객들은 희망과 도전을 얻어간다. 우리 회사는 희망을 심어주는 회사다.

기획 부동산에 속아
한강에 뛰어내리려던 사람을 살리다

어느 날, 아빠에게 전화가 왔다.

"안녕하세요. 혹시 오픈마인드 님 맞으신가요?"

"네, 무슨 일이시죠?"

"사장님, 정말 죽을 사람 한 명 살려준다는 심정으로 한번만 도와주세요. 제가 정말 한강대교에 뛰어내릴까 생각도 하고 있어요. 너무 불안해서 마지막 지푸라기라도 잡는 심정으로 전화하게 됐습니다. 부디 한번만 도와주세요."

아빠는 절박한 사람의 요청을 무시할 수 없었다. 전화한 사람은 30대 중반쯤 된 늦깎이 학생이었다. 부자가 되고 싶어 악착같이 온갖 일을 하며 3억 원을 겨우 모았다. 그렇게 모은 돈으로 부동산 투자를 해보고자 토지를 계약했는데 아무리 봐도 찜찜하고 불안한 마음이 들어 잔금일 직전에 지푸라기라도 잡는 심정으로 아빠에게 연락한 것이다.

"제가 3억 원짜리 땅을 사고, 계약금 3,000만 원으로 계약을 치렀습니다. 내일 당장 잔금일이어서 잔금을 치러야 하는데 아무리 생각해도 잘못된 계약이라는 생각이 계속 들어서요. 계약일 당시의 분위기가 굉장히 이상하기도 했고, 잠도 잘 못 잘 만큼 계속 불안해서 마지막 희망의 끈이라도 잡아보고자 잔금일 직전에 용기 내어 연락드리게 되었어요."

"아, 그런데 왜 저한테 연락하신 거죠?"

"제 주변에 물어볼 사람도 전혀 없고, 물어봐도 잘 모르더라고요. 그래서 막연하게 유튜브를 검색하던 중에 오픈마인드 채널을 발견했는데 영상을 계속 보다 보니 '이 분은 정말 진실한 사람이다. 정말 정직하다'라는 생각이 들어 용기 내어 전화를 드리게 되었습니다. 사장님, 저에게는 전부인 돈입니다. 이 돈 다 날리면 한강에 떨어져 죽어야 해요. 한번만 살펴봐주시기를 간절히 부탁드립니다."

그분이 계약한 토지를 아빠가 검토해보니 산에 있는 맹지에 공유지분으로 구매하는 땅이었다. 즉, 전형적인 기획 부동산의 수법이었다. 아빠는 내일 예정되어 있는 잔금을 치르지 말라고 이야기했다. 계약금을 손해보더라도 잔금 2억 7,000만 원까지 잃지 않는 방법이라며 지금이라도 알아차렸으니 다행이라는 이야기를 전한 뒤 전화를 끊었다. 그런데 또 다시 전화가 왔다. 그분은 자신에게는 계약금도 너무 큰돈이니 제발 좀 돌려받을 수 있는 방법을 알려달라고 연거푸 부탁했다. 계속해서 전화가 오는 상황에서 아빠는 고민했다. 상담을 해주면 다른 일들을 할 수가 없기 때문이었다. 아빠에게는 하루에 100명이 넘게 전화가 올 때도 많아서 한 사람, 한 사람 모두 상대하는 것이 쉽지 않았다. 하지만 '그래도 이 사람은 내가 도와줘야겠다. 아무리 바빠도 정말 어려움에 처한 사람을 모른 척할 수 없겠구나'라는 생각이 들어 그분에게 이미 납부한 계약금 3,000만 원도 돌려받을 수 있는 방법을 하나하나 알려주기 시작했다. 정확하게 물건에 대해 설명해주지 않은 것부터 그분이 요목조목 따질 사항을 알려주었고, 거기 가서 어떻게 강하게 말해야 하는지도 하나하나 알려주었다. 시간이 지나고 그분에게 연락이 왔다.

"사장님, 정말 감사합니다. 계약금까지 전부 돌려받게 되었어요. 제 전부였던 소중한 돈을 지켜주셔서 정말 감사합니다."

결국, 그분은 계약금을 받아낼 수 있었다. 아빠는 남의 어려운 처지를 모른 척하지 않았다. 타고나기를 남에게 절대 상처 주는 게 안 되는 사람이라고 자신을 항상 소개했고, 남의 어려움을 보면 마음이 아프고 엄청난 죄책감이 든다고 아빠는 늘 말했다. 하지만 나는 아빠에게 반문했다.

"아빠가 상처 준 것도 아닌데 굳이 고생하면서까지 그 사람들을 도와야 해? 아빠가 모든 사람들을 도울 수 없어. 그리고 그 사람들이 그렇게 된 데는 자기 책임도 있으니 그 몫은 스스로가 감당해야 하지 않아?"

이기적인 이야기일 수도 있지만 매일매일 수도 없는 연락을 받으며 쉬지 못하는 아빠가 안쓰러워 나는 냉정하게 이야기했다. 하지만 아빠는 자신은 괜찮다고 미소 지으며 이야기해주셨다.

"진실아, 아빠는 항상 사람을 살린다는 긍정확언을 외치는 사람이잖아. 아빠는 그 말을 지키고 싶어. 아빠는 인간으로서 어려움에 처한 사람을 돌아보지 않고 지나칠 수가 없어. 내가 잘 아는 분야임에도 불구하고 내가 조금 힘들다고 피하는 건 내 마음에도 계속 잔상이 남더라고. 아빠가 부동산 지식을 배워서 충분히 남을 도울 수 있는 능력이 있는데 베풀지 않는다면 나를 속이는 기분이 든단다."

아빠는 받은 것들을 잘 흘려보낼 줄 아는 분이었다. 배우고 익힌 정보들, 그리고 삶의 지혜가 담긴 깨달음을 자신만 가지고 있는 것이 아니라 항상 주변에 전하고 나누는 분이었다. 그리고 자신을 속이지 않는 스스에게 당당한 분이었다.

가끔 나는 나의 편안함을 위해 주변의 어려움을 돌아보지 않았다. 알려고 하지 않았고 귀찮은 일이 나에게 올까 봐 계속 피했다. 그렇게 모른 척하면 내 마음은 편하지 않았다. 귀찮은 일을 하지 않아서 몸은 편했지만 '내가 조금만 귀찮았어도 그때 용기를 내서 도움을 줄 걸'이라고 종일 내 머릿속을 복잡하게 만들었다. 아빠가 말씀해주신 '내 마음속에 있는 나를 속이는 기분'이라는 것이 무슨 기분인지 알 것 같다.

아빠는 오늘도 자신의 긍정확언을 외친다.

'나는 오늘도 사람을 살리는 일을 한다'.

아빠는 자신을 속이면서 살아가지 않는다. 자신이 말한 대로 행동한다는 것을 몸소 보여준다. 아빠는 오늘도 어려움에 처한 사람을 그냥 두지 못한다. 오늘도 그리고 내일도, 정말 위기에 빠진 한 명의 사람을 구하고자 열심히 달린다. 오늘도, 우리 아빠는 사람을 살리는 일을 한다.

너는 될 수밖에 없어! 이미 그렇게 정해져 있어!

"대표님, 저 10년 안에 100억 원 부자가 되기로 목표를 세웠습니다"

"그래? 임 이사, 그 꿈 내가 이뤄드리리다."

"대표님만 믿겠습니다!"

우리 회사 임 이사님과 아빠가 나눈 대화다. 옆에서 이 대화를 지켜본 나는 그 상황을 가볍게 웃으며 지나쳤다. '두 분이서 재미있는 농담도 잘 나누시네'라며 말도 안 되는 생각을 하고 있다고 생각했던 것 같다. 아빠와 함께 집에 돌아가는 길에 이야기했다.

"아빠 지키지도 못할 약속은 하지 마. 괜히 기대감만 주다가는 실망도 큰 법이야. 말조심해야지."

하지만 아빠는 당당하게 이야기했다.

"나는 정말 그렇게 해줄 거야. 직원들의 목표를 이룰 수 있게 옆에서 최선을 다해 돕겠어."

아빠는 항상 자신이 있다. 그리고 직원들에게 그 자신감을 보여준다. 직원들이 꿈을 꿀 수 있도록 함께 응원해주고, 동기부여를 하고, 스스로 설 수 있도록 누구보다 적극적으로 도와준다. 아빠는 직원들에게 할 수 있다는 확신을 심어주고, 꿈을 실현시킬 수 있을 거라는 희망을 심어준다. 그 확신과 희망, 그리고 어떤 상황에서도 대표님이 우리를 도와준다는 강한 신뢰를 가진 직원들은 자신들이 세운 목표에 더 당당하게 달려갈 수 있다. 할 수 있다는 자신감을 얻은 직원들의 달리기는 멈출 줄 모른다. 마치 전쟁터에서 우리를 지휘하는 장군을 강하게 믿으며, 주저함 없이 용감하게 달려가는 군사들과도 같다.

아빠는 항상 직원들이 무엇인가 도전하고자 하면 이렇게 말한다.

"넌 그렇게 될 수밖에 없어! 이미 그렇게 정해져 있어! Just do it!"

보통 누군가 새로운 도전을 하려고 하면, '걱정'이라는 조언으로 도전을 막아버리는 경우가 많다. "해보지 않았던 거라 아마 잘 안 될 거야", "쉽지 않을 거야", "그거 하다가는 망할 거야", "다 널 위해서 하는 말이야" 등의 걱정을 가장한 변명으로 도전을 막는다. 사실 그런 조언을 해주는 사람들 대부분이 도전해보지 않은 사람들이다. 《부시파일럿》의 저자 오현호님도 "세상을 살면서 반드시 피해야 하는 것이 경험해보지 않은 사람들의 조언"이라고 했다.

그러나 수없이 도전해본 아빠는 다르다. 직원이든, 아빠를 찾아오는 고객이든 여러 사람에게 항상 도전해보라고 격려하고, 간절히 원하면 반드시 이루어진다고 이야기해준다. 남들이 "넌 할 수 없어"라고 이야기할 때, 아빠는 직원들에게 "할 수 있다"는 용기를 불어넣는다. 그리고 직원들이 성장하는 것을 함께 기뻐한다. 아빠는 직원들에게 항상 말한다.

"나는 여러분이 독립하기를 바라네. 여기서 많이 성장해서 나중에 자신만의 사업체를 꾸렸으면 좋겠어. 더 많이 도전해봐! 여기에만 머무르지 말고, 더 큰 곳에서 더 큰 자신들의 꿈을 펼쳐. You can do it!"

전 직원 책 쓰기 프로젝트

우리가 책을 쓴다고? 해낼 수 있을까?

첫 시작은 가볍게 지나가는 말이었다

2024년, 새로운 한 해를 맞아 전 직원 워크숍에서 신년 목표를 나누는 시간이 있었다. 아빠는 부동산 책을 이미 두 권이나 출간했다. 그리고 이제 자기계발서를 목표로 책을 쓰고 있다. 올해 목표는 자기계발서 책을 출간하는 것이라고 하면서 책을 써본 경험을 직원들과 나누었다.

"여러분, 책 쓰는 거 정말 별거 아니에요. 책을 쓰면서 나를 돌아보고, 과거를 직면하면서 더 멋진 나를 발견하고 알아가는 정말 좋은 시간이 됩니다! 저는 여러분도 꼭 한번 책을 써보기를 바랍니다! 소 이사는 자신이 경험했던 많은 부동산 이야기들과 임장 이야기를 책으로 쓰면 아주 재미있을 거야! 한번 도전해봐! 권 부장! 권부장은 일 년 만에 부동산 투자로 10억 원 넘게 번 이야기, 그거 정말 엄청난 거야! 그 주제로 한번 써보면 정말 재미있을 것 같지 않아?"

우리 회사에서는 다음의 3가지 행동을 하면 퇴사해야 한다.

1. 부정적인 말을 하면 퇴사
2. 담배를 피면 퇴사
3. 과도한 주식 투자를 하면 퇴사

우리는 우스갯소리로 부정적인 이야기를 하면 해고당한다고 말한다. 그래서 그럴까? 직원들은 하하 웃기만 할뿐 못하겠다는 말을 입 밖으로 꺼내지 못했다.

"하하, 한번 써보긴 할게요. 출간할 수 있을지는 모르겠는데 그래도 책을 써보는 건 해볼 수 있을 것 같아요. 천천히 하나씩 경험들을 남겨보겠습니다."

그때는 그냥 흘러가는 말이라고 생각했다. 그런데, 다들 이 시작이 정말 이렇게 거대해질 줄은 상상이나 했을까?

나에게도 찾아온 책 쓰기 과제

아빠가 책을 두 권이나 내면서 '나도 언젠가는 책을 내도록 해야지'라는 생각은 가졌다. 물론, "너도 한번 책을 써봐라"라는 아빠의 계속된 독려도 있었다. 그래서 2023년 목표를 아빠와 관련된 일화 30가지 적기로 정했다. 그해, 공인중개사 시험 준비도 했고 법무사 일도 했기 때문에 생각보다 글을 적을 시간이 턱없이 부족했다. 2023년 말에 보니, 겨우 10개 정도의 일화밖에 기록하지 못했다. 그래도 별로 걱정은 안 됐다. 어차피 지금 당장 책을 낼 것도 아니고 그냥 일기처럼 남겨놓는 것뿐이라고 생각하며 급하지 않았다.

2024년 새해 워크숍에서 신년 목표를 나누면서 나는 조금 더 목표를 확장해 책을 한번 써보기로 마음먹었다. 하지만 출간까지는 생각하지 못했다. 내가 그렇게 빨리 책을 출간할 수 있을 거라고 생각하지도 못했고, 그냥 조금 더 많은 이야깃거리를 기록해보자는 마음뿐이었다. 언젠가 이야기들이 많이 모이면 나도 10년 후쯤에 아빠의 가르침을 가지고 책을 출간해봐야겠다는 마음이었다. 당장은 내가 책을 낼 생각도 아니었다. 왜냐하면 나는 지금 성공하지 않았으니까. 그리고 고작 내 나이 27세, 인생에 대한 경험도 적은 나이인데, 이 경험으로 무슨 책을 쓸 수 있겠냐는 생각뿐이었다.

'누가 읽어주겠어?'

어쩌다 일이 이렇게 커지게 된 걸까

2024년 1월 초, 나는 선교를 준비 중이었다. 사무장님께 양해를 구하고, 일주일 정도 휴가를 내서 태국에 선교하러 다녀왔다. 선교지로 떠나기 3일 전부터였을까. 갑자기 단톡방에 대표님과 회사 직원 몇 명이 모여 독서모임을 진행한 사진과 함께 모임 때 나눈 이야기가 담긴 녹음 파일이 올라왔다. 주제를 정해 그 주제에 관련된 자기의 경험을 담은 글을 적어서 함께 읽는 모임이었다. 선교 가기 하루 전에 회사 대표님이자 아빠는 단톡방에 공지를 올렸다.

내일 오전 8시에 독서토론이 있습니다.
책 집필에 의지가 있는 분만 오시면 됩니다.
강제하지 않습니다.

'뭐지? 책 집필? 저기 있는 분들 다 책을 쓰는 건가? 직원들이 네 명이나 모였네. 얼마나 갈까? 생각보다 글을 쓰는 게 쉽지 않을 텐데? 나중에 지쳐서 또 흐지부지되겠지.'

멀리서 독서모임을 바라보는 나는 이런 마음이었다. 고등학교 때는 지역 신문사에서 청소년기사 국장을 담당했고, 대학에 들어가서 학보사에서도 기자 생활을 2년 동안 해본 경험이 있기 때문에 글을 쓰는 게 정말 어려운 일이라는 것을 나는 잘 알고 있었다. '글쓰는 걸 다들 쉽게 생각하고 있네. 너무 만만하게 생각하고 있어'라는 마음이 들었던 것 같기도 하다. 그런데 사실은 질투가 났던 게 아닐까? 내가 저 모임에 함께하고 있지 않기 때문에 모임이 잘되지 않았으면 하는 괜한 마음이 있었을지도 모른다.

신경 쓰이기 시작한 책 쓰기 모임

태국에서 선교 활동을 하고 있는데 매일 아침이면 독서모임에서 찍은 사진과 녹음파일이 올라왔다. 태국과 한국의 시차가 2시간이었기 때문에 내가 7시에 일어나면 한국은 독서토론이 끝난 오전 9시였고, 일어나자마자 휴대폰을 보면 독서모임과 관련한 파일들이 회사 단톡방에 업로드되었다. 사실 회사 단톡방에 안 들어가면 될 일이었지만, 계속 신경이 쓰였다. 그 모임에 내가 빠져 있다는 게 마음이 걸렸고, 한편 강제가 아니라고 하면서 괜히 그런 사진들을 올려서 부담을 주는 것 같아 짜증도 났다.올라오는 녹음파일을 들어볼까 하다가도 선교에 집중하지 못할 것 같아 듣지 않았다. 그렇게 선교가 끝나고 한국에 돌아왔다. 귀국한 후, 저녁에 엄마가 이야기했다.

"내일, 아침 7시 반까지 나가야 하니까 그때까지 준비해."

"왜?"

"왜냐니? 책 쓰기 모임에 가야지."

"나는 하겠다고 이야기 안 했는데…? 왜 내 의사도 안 물어보고 강제로 모임에 가라고 해?"

나는 아빠 딸이라는 이유로 당연히 참여해야 한다는 사실이 싫었다. 하게 되더라도 내 의사로 하고 싶지 엄마가 시켜서 하는 건 더더욱 싫었다. 이제 성인인데 내 스스로 의사를 표현하고 싶었고 내가 정말 할 마음이 있어야 이 모임에 적극적으로 참여할 수 있다고 생각했다. 하지만, 마음 한편에서는 책 쓰기 모임이 계속 신경 쓰이는 이유가 나도 하고 싶

때문이 아닐까라는 생각을 지울 수 없었다. 하지만, 다른 사람이 시켜서 해야 하는 거라고 생각하니 하고 싶은 마음이 싹 사라졌다.

다음 날 아침, 새벽에 눈이 저절로 떠졌다. 딱 준비하고 나가면 책 쓰기 모임에 늦지 않게 도착할 시간이었다. 엄마한테 그렇게 말했지만, 몸과 생각이 반응한 걸까. '이건 가고 싶다는 신호다!'라는 생각과 동시에 샤워를 하고 준비했다. 그리고 엄마에게 이야기했다.

"나 가려구, 책 쓰기 모임. 내 차 타고 같이 가자."

그렇게 책 쓰기 모임에 나도 합류하게 되었다.

우리도 할 수 있다, 책 쓰기!

책 쓰기 모임에 합류한 첫날이었다. 책 쓰기 모임은 출근 한 시간 전인 8시에 시작했다. 그날 주제는 '반드시 실패하라'였다. 이 주제로 다들 각자의 경험을 담은 스토리를 가져왔다. 책 쓰기 모임이 얼마나 잘 진행되고 있는지, 다른 분들의 글은 어느 정도의 수준일지 궁금했는데, 정말 기대 이상이었다. 같은 주제임에도 각자의 경험이 너무나 다양했다. 물론, 여러 가지로 따져보면 부족한 글 솜씨이기는 했다. 맞춤법도 안 맞고, 매끄럽게 읽히지 않는 부분도 있었다. 하지만 내용만 보았을 때 너무 재미있고 감동적이었다. 각자가 처한 어려웠던 상황과 그것을 극복했던 자신만의 이야기가 있었고, 사람들에게 큰 힘이 되어줄 수 있는 스토리라는 생각이 들었다. 나는 이날 가능성의 빛을 보았다. '우리가 무슨 책을 써…'

라는 마음을 뒤바꾸게 만들었던 첫 모임이었다.

우당탕탕, 쉽지 않은 책 쓰기

첫 모임 후, 나에게도 과제가 주어졌다. 바로 책 쓰기였다. 학보사 기자 생활을 한 지도 어언 5년이 지났기 때문에 글을 쓴다는 것이 쉽지 않았다. 그리고 기사가 아니기 때문에 딱딱하게 기사처럼 작성하면 안 될 것 같았다. 일단 소재를 찾는 것이 가장 어려웠다. 내가 받은 첫 주제는 '모든 것은 생각에서 시작된다'였다. 하루 종일 주제에 대해 생각했다. 내가 담을 수 있는 나만의 스토리는 어떤 게 있을까 온종일 고민했다.

퇴근 후, 집에 와서 책상에 앉으니 7시였다. 예전 같으면 퇴근하자마자 이불 위에 몸을 던져 의미 없이 유튜브를 보며 지친 몸을 이리저리 굴릴 시간이었다. 하지만 다음 날 아침 8시 독서 모임에 글을 가져가야 하기 때문에 한시도 여유 부릴 새 없이 바로 책상 앞에 앉았다. 머릿속엔 온통 글을 써 내려가야 한다는 생각뿐이었다. 엎친 데 덮친 격으로 아빠가 직원들에게 "진실이는 기자 생활도 해보고 글쓰기 상도 많이 받아서 글 솜씨가 있다"고 칭찬했기 때문에 부담감이 더 컸다. 글을 엉망으로 쓰면 너무 창피할 것 같았다. 글을 써야 한다는 부담감이 이렇게나 클 줄 몰랐다. 저녁 시간 내내 글쓰기에 몰두했다. 그리고 필라테스 운동을 다녀 온 후, 러닝머신을 타면서 계속 주제에 대해 생각했다. 달리다가 번뜩이는 주제가 있으면 잠시 러닝머신을 멈추고 휴대폰에 메모해놓고 다시 달리고, 또

번뜩 아이디어가 생각나면 잠시 멈추고 메모하고를 반복했다. 운동 후에 집에 와서 메모해놓은 아이디어로 다시 글을 써 내려갔다. 그렇게 첫날은 새벽 2시가 넘도록 글을 썼다.

우리에게 필요한 건 완벽한 글쓰기가 아닌 '할 수 있다는 자신감'이었다

다음날 아침, 피곤하지만 한 개의 원고를 완성했다는 뿌듯한 마음으로 책 쓰기 모임에 나섰다. 너무 피곤했는지 늦잠을 잔 탓에 부지런히 준비하고 8시에 딱 맞춰 도착했다. 책 쓰기 모임이 시작됐다. 열심히 밤새 쓴 원고를 각자 돌아가며 나눴다. 같은 주제로 글을 썼는데 각자 다른 생각과 경험을 가지고 있는 이야기들을 들으니 너무 신선했고 재미있었다.

내 차례가 되어 원고를 읽기 시작했다. 남들 앞에서 나의 경험과 스토리, 내가 생각하고 느낀 것들을 보여주는 것이 조금 부끄러웠다. 가장 친한 친구들한테도 내 생각과 이야기를 잘 이야기하지 않는 편인데, 가족과 친구만큼 가까운 사이가 아닌 직원들에게 내 이야기를 하는 것이 쉽지는 않았다. 원고를 읽는 동안, 미처 발견하지 못했던 오타가 있어서 창피하기도 했고, 잘 읽히지 않는 부분이 보이면 읽는 걸 머뭇거렸지만 침착하게 끝까지 내 원고를 읽었다. 다 읽고 난 후, 모두 박수와 함께 칭찬을 해주셨다. 기대했던 것과 달리 모두들 격려와 칭찬을 많이 해주셨다. 과분하다고 생각할 만큼의 칭찬이었지만 내가 시간을 쏟고 노력한 것을 인정받고 격려받는 것 같았다. 그리고 '내 글이 다행히 나쁘지는 않구나'라고 안심이 되어 기뻤다. 그리고 조금 용기가 생겼다.

책 쓰기를 막 시작한 우리에게 지금 당장 중요한 건 '할 수 있다는 자신감'이었다. 나뿐만 아니라 다른 멤버들도 혼자서 책을 쓰다 보면, 가끔 막막하다는 생각이 많이 든다고 한다. '이렇게 형편없는 글을 들고 가도 되는 건가?' 하는 생각이 들면서 스스로에 대한 확신이 서지 않고, 이런 글을 책 쓰기 모임에 가져가도 될지 걱정스러웠다는 것이다. 하지만 우려와는 달리 '글이 정말 좋다'는 반응이 나오기도 했고, 또 '이런 부분만 보완하면 최고의 글이 되겠는데?'라는 긍정적인 피드백을 받아 책 쓰기 모임이 오히려 할 수 있다는 자신감을 얻는 자리가 되고 있었다. 이제 막 책 쓰기를 시작하는 단계에서, 책 쓰기 멤버들은 오늘 또 하나의 원고를 해 냈다는 사실에 서로에게 박수 쳐주고 정말 고생했다고 칭찬해주었다. 우리는 책 쓰기 모임을 통해 '할 수 있다'는 확신과 가능성의 빛을 보았다. 그리고 그 자신감과 확신으로 하루에 한 편씩 글을 써 내려갔다.

나날이 늘어가는 실력

아빠는 항상 책 쓰기 모임 마지막에 직원들이 쓴 글 중 좋은 글을 하나씩 뽑아주셨다. 그리고는 우리가 함께 배울 수 있도록 이야기해주었다. 잘 쓴 글의 문맥과 구성은 어떻게 되는지 이야기하고 어떤 글이 읽기 쉽고 좋은 글인지 이야기하면, 우리는 그 글을 참고해 좋은 점들을 배우려고 노력했다. 다들 전문적인 작가가 아니기에 서툴렀던 점도 많다. 하지만 다같이 서투르니 서로 다독여주고 함께 부족한 부분들을 채워나갈 수 있었다. 누군가 갈피를 잡지 못하고 있으면, 서로 가이드가 되어주기도 하고 방향을 알려주는 방향 지시등이 되어주었다. 서로의 글을 함께 읽다 보면 어떤 부분이 어색한지, 이해가 되지 않는지, 그리고 오타가 있는지 알 수 있어 부족한 부분을 보완해나갈 수 있었다. 또, 함께 글을 공유하고 이야기를 나누면서 자신은 생각지도 못했던 아이디어가 떠오르기도 했다. 책 쓰기 모임이 새로운 아이디어를 얻을 수 있는 창구가 되었다.

책 쓰기 모임을 함께 하는 멤버들과는 정말 끈끈하고 단단한 사이, 그리고 서로에게 힘이 되는 자양강장제가 되어주었다. 멤버들은 서로의 글을 읽고 공유하면서 정말 잘 썼다고 격려하고 칭찬해준다. 글 한 편을 뚝딱 만들어오는 게 쉽지 않다는 것을 모두 공감하기 때문이다.

눈물바다가 된 책 쓰기 모임

자신의 경험을 가지고 책을 쓴다는 것은 좋은 과거만을 이야기하는 것이 아니라 아프고 부끄럽고 힘들었던 과거를 꺼내야 하는 일이기도 했다. 우리는 책 쓰기 연습을 하면서 자신의 아픈 이야기를 꺼내는 연습도 했다. 정말 아프고 처절했던 과거를 그 누구에게도 꺼내지 못했는데, 용기를 내어 그 경험을 진솔하게 글로 써 내려갔다.

책 쓰기 모임에서는 함께 그 글을 읽으며 다같이 눈물 흘렸고, 또 그

아픔을 이겨내고 지금의 자리에 서 있는 서로의 모습에 함께 박수를 쳐주었다. 그 어느 누구도 힘들었던 과거 이야기를 꺼내라고 강요하지 않았다. 하지만 자신의 이야기가 절망적이고 어려운 상황에 있는 사람에게 희망을 주고, 용기를 주었으면 하는 마음에 아픈 이야기까지 꺼내게 만든 것이다. 서로가 가슴에 응어리져 있던 것, 비밀스러운 것들을 털어놓고 나니 가슴 한편에 무겁게 간직하고 있던 부분을 내려놓을 수 있는 시간이 되었다. 우리는 이 시간을 통해 자기 자신을 더 정확하게 바라보고, 마주할 수 있게 되었다. 자신의 이야기를 써 내려가면서 '정말 잘 컸구나. 지금까지 정말 잘해왔어'라며 스스로를 다독이고 격려하는 시간을 가질 수 있었다.

생각보다 쉽지 않은 책 쓰기 일정

하루의 책 쓰기 모임이 끝날 때, 아빠는 다음 날까지 써올 주제를 말씀해주신다. 그러면 우리는 그 주제를 가지고 하루 동안 고민해서 글을 써온다. 그런데 매일매일 글을 쓴다는 게 정말 쉽지 않았다. 낮에는 온종일 법무사 일을 하느라 진을 뺏고 퇴근하면 6시가 되었다. 저녁을 부리나케 먹고 나면 그제서야 내 시간을 가질 수 있는데 그것 마저도 잘 허락되지 않는 경우도 많았다. 교회에서 행정국 리더를 맡고 있어 화요일과 목요일 저녁 8시부터 11시까지 회의가 있었기 때문이다. 나는 남들보다 책을 쓸 수 있는 시간이 부족했다. 그렇기에 나에게 주어진 자투리 시간조차 너무

소중했다.

예전에는 퇴근 후에 시간을 무의미하게 보냈지만, 책을 쓰기 시작한 후부터 무의미했던 시간들이 오로지 온통 책을 쓰기 위한 생각과 고민으로 알차게 바뀌었다. 저녁에 짬을 내서 운동을 가더라도 온통 책에 대한 주제만 머릿속에 가득 채운 채 러닝머신을 뛰었다. 그러다가 아이디어가 스쳐 지나가면 러닝머신을 멈추고 바로 휴대폰으로 아이디어를 메모해 두었다. 생각보다 책에 대한 내용이 바로바로 떠오르지 않았다. 어디에서 영감을 얻어야 할지 인터넷 서핑도 열심히 했고, 어떤 구성으로 책을 쓸까 하는 생각이 머릿속을 온통 채웠다. 그렇게 많은 생각의 시간을 가진 후 글을 쓰다 보면 새벽 2~3시, 가끔은 4시까지 훌쩍 지나 있기도 했다. 그런데 이런 생활이 하루 이틀이 아닌 매일 지속되다 보니 체력적으로 버티는 것이 힘들어졌다. 하지만 지금 내가 하고 있는 이 도전이 정말 쉽게 오는 기회가 아니라는 것을 한 번 더 상기시키며 정신력으로 버텼다.

나만 힘들어? 나만 힘든 거야?

하지만 궁금했다. 나보다 일주일 먼저 책 쓰기 모임에 참여한 직원들은 안 지칠까? 업무와 글쓰기를 매일 병행한다는 것이 정말 쉽지 않을 텐데 누구 하나 못하겠다고 하지 않으니까 나도 계속해서 열심히 달려야겠다고 다짐했다. 특히, 나는 늦게 합류했기 때문에 힘들다고 말할 입장도 아니라 묵묵히 하루하루를 도전하며 나아갔다. 하지만 사실은 내심 바랐다. 누구 한 명이 조금은 힘들다고 이야기해주기를, 그래서 너무 빡빡한 일정을 좀 조율했으면 좋겠다는 생각이 들었다. 하지만 책 쓰기를 통해 스스로를 돌아보는 시간을 가지며 자기를 성장시키고 계발할 수 있다고 생각했기 때문에 다들 잘 버티고 있었다. 몸이 힘들어도 정신 승리의 마음가짐으로 버티고 있었던 것이다. 그러던 중 결국 올 게 왔다. 이미 터져버렸어도 이상하지 않았을 상황이었다. 책 쓰기 멤버 중 한 명이 쓰러졌다.

페이스 조절이 필요해

직원 중 한 분이 책 쓰기에 대한 부담감으로 인해 공황장애가 왔다. 잘 해내겠다 생각과 대표님에게 잘 보여야겠다는 마음으로 버텼지만 몸이 따라주지 못했던 것이다. 그 직원이 가장 먼저 용기를 내어 대표님께 지친 마음에 대한 이야기를 꺼냈다. 물론 강제로 참여하게 한 건 아닌데, 대다수 직원들이 함께하는 이 모임에 참여해 잘 보여야 한다는 부담감이 있었던 것이다. 그분이 몸이 아프다는 이야기를 듣고 나는 너무 걱정되었다. 하지만 한편으로 감사한 마음도 들었다. 용기를 내어 먼저 힘들다고 이야기해주신 게 무척 감사했다. 사실 누구 한 명 먼저 쓰러져주기를 나도 내심 바란 게 아닌가 싶었다. 솔직히 나도 벅찼기 때문이다. 이후, 대표님은 책 쓰기 모임을 시작하기에 앞서 물으셨다.

"혹시, 이 책 쓰기 모임에 대해 어떻게 생각하는지 솔직하게 돌아가면서 말해봤으면 해요. 너무 힘들거나 어려운 점이 있다면 편하게 말해주세요."

대표님은 혹여나 긍정 마인드로 자신이 직원들을 너무 밀어붙인 게 아닌가 걱정하셨다. 하지만 직원들의 대답은 예상외였다.

"제가 가장 못하는 게 글쓰기였어요. 처음에는 잘할 수 있을지 엄청 두려웠는데 계속 글을 써가는 제 자신을 보며 이 시간이 내 한계를 넘는 시간임을 느껴요."

"자투리 시간마저 내가 활용할 수 있다는 깨달음을 얻은 것 같아요. 시간의 소중함을 알게 되었구요. 내가 이렇게 시간을 알차게 사용할 수 있는 사람이구나를 느끼며 자존감이 향상되고, 내 자신이 멋있다고 느끼게 됐어요."

"제가 이렇게 시간을 쏟을 수 있는 열정과 의지가 있다는 사실에 놀랐어요."

"글이 쌓이는 걸 보니까 뿌듯해요. 그래서 조금 힘들기는 하지만 포기하고 싶지 않아요."

"함께하는 힘이 정말 강력하다는 걸 알게 되었어요. 혼자라면 할 수 없는 일을 지금 이렇게 함께하니 가능한 것 같아요"

"'몰입'이라는 게 무엇인지 알게 된 것 같아요. 책을 쓰면 딱 거기에 몰입하게 돼요."

살인적인 스케줄이었지만 그래도 우리가 얻을 수 있었던 것들이 더 많은 시간임을 직원들도 함께 공감하고 있었다. 하지만, 너무 빨리 달리다 보면 넘어지고 오히려 번아웃이 올 수도 있다는 생각에 우리는 페이스 조절을 하기로 했다. 글쓰기를 매일 진행하던 것을 이틀에 한 번으로 바꿨다. 덕분에 조금은 여유롭게 글을 쓸 수 있게 되었다.

본격적으로 책 쓰기를 시작하다

일정을 조정한 후, 마침 설 연휴가 다가와서 우리는 2주간의 긴 휴식기를 갖게 되었다. 대신, 그 기간 동안 책 제목과 목차를 정하기로 했다. 앞으로 자기가 써나갈 이야기들을 정리하며 주제를 정하고 방향을 잡는 시간이었다. 그렇게 우리는 2주간 각자의 삶으로 돌아가 열심히 일하며 생각을 정리하는 시간을 가졌다.

1월부터 2월까지는 책 쓰기 연습을 했다. 우리는 책 쓰기 연습을 통해 기본기를 다지고 꾸준히 원고를 써나가는 훈련을 해왔다. 본격적인 경기에 앞서 준비운동 정도는 마친 것이다. 설이 지나고 3월부터는 본격적으로 각자 책의 주제를 가지고 글을 쓰기로 계획했다. 본격적으로 자신의 책을 쓰기 위한 준비를 했다. 2주간 휴식기를 마치고 다시 모여 책 쓰기 모임을 진행했다. 각자 자신의 책 제목과 목차를 소개하는 시간을 가졌다. 확정된 제목은 아니었지만 대략적으로 각자가 쓰게 될 주제를 정했고, 그에 따른 목차를 대략적으로 구성해보았다.

· 생각이 운명을 가른다

· 성공한 사장과 성공한 직원들

· 땅에 미친 농부

· 청년다움

· 정해진 운명을 거스르다

· 부자 아빠의 성공 DNA

서로의 책 제목만 이야기했을 뿐인데 벌써 책이 나온 것처럼 가슴이 무척 설렜다. 책 쓰기 연습 전까지만 해도 '우리가 진짜 책을 낼 수 있을까? 정말 가능한 일인가?' 싶었던 생각이 이제는 이미 기정사실이 된 것 같았고, 오히려 '너무 유명해지면 어떡하지? 만약에 인터뷰가 들어오면 어떻게 준비해야 하지?'라며 이미 책을 출간한 작가의 마음이 되어 아직 현실화되지 않은 일을 걱정하고 있었다. 이런 걱정을 하고 있다는 게 우습기도 하면서 가슴이 벅차 올랐다. 책 쓰기 연습을 통해 모두가 할 수 있다는 가능성을 확신하게 되었고, 그 확신을 통해 책을 출간하겠다는 의지와 열정이 불타올랐기 때문이다.

그룹을 나누어 서로 피드백을 주고받다

본격적인 책 쓰기가 시작되면서 각자의 주제에 맞게 써온 글을 읽고 의견을 나누었다. 하지만 어느 새부터인가 아쉬운 점이 생겼다. 10명의 직원들이 서로 다른 주제를 가지고 써온 글을 읽다 보니 글을 읽는 데만 시간이 너무 오래 걸렸던 것이다. 한정된 시간에 서로 피드백을 나누기에는 시간이 너무 부족했다. 우리는 긴급회의에 들어갔다. 어떻게 하면 좀 더 유용하고 의미 있게 책 쓰기 모임 시간을 보낼 수 있을까 고민했다. 모두가 가장 중요하게 생각하는 시간은 서로의 글을 읽고 피드백을 주고받을 수 있는 시간이었다. 시간을 효율적으로 사용하기 위해 우리는 두 그룹으로 나누어 글쓰기 모임을 진행하기로 했다. 그룹을 나누어 진행하니 구체적인 피드백을 나눌 수 있게 되었다.

피드백을 주고받는 시간을 통해 글의 부족한 부분을 알 수 있었다. '어떤 사례를 더 넣었으면 좋겠다', '글의 순서를 바꿔봤으면 좋겠다', '여기는 이런 내용으로 문맥을 바꿔보는 건 어떨까? 그러면 더 재미있을 것 같은데' 등 구체적인 피드백을 통해 글의 완성도를 높일 수 있었다.

서로 열심히 책을 쓰는 방법을 공부했고, 피드백을 나누는 자리에서 글을 잘 쓰는 방법도 서로 조언해주었다. 그리고 책을 쓰면서 여러 도움이 되는 영상을 단체 채팅방에 자주 공유하기도 하고, 책을 쓰는 방법에 관한 책을 추천해주기도 했다. 우리는 그렇게 서로 부족한 점을 보완해주었고, 함께 격려하며 책의 원고 완성에 한 걸음 다가섰다.

드디어 초고를 완성하다.
아름답고 값진 보석 같은 책 쓰기 시간

본격적으로 책 쓰기를 시작한 지 3개월이 지났다. 어느덧, 원고를 완성한 사람도 있었고, 거의 모두가 슬슬 마무리 단계에 진입했다. 각자가 책을 한 권씩 쓴다는 것은 정말 쉽지 않은 일이었다. 그럼에도 불구하고 함께 했기에 모든 게 가능했다. 글쓰기 기간 동안 혼자 전전긍긍하다가 어떻게 해야 할지 모르겠다고 고백하는 사람도 많았다. 그럴 때마다 우리는 그런 부분을 함께 공유하고 고민했다. 우리는 일과 외 시간에 카페에서 분위기를 환기시키며 함께 글을 쓸 수 있는 여러 방향에 대한 아이디어를 나눴다. 그렇게 자주 이야기를 나누고 함께 고민하다 보니 어느 순간 뇌리에 꽂히는 아이디어들이 생기기도 했고, 글의 방향에 대해서도 차근차근 정리해나갈 수 있었다.

혼자였으면 책을 쓴다는 생각을 절대 하지 못했을 거라고 우리는 항상 이야기한다. 함께했기 때문에 책을 완성할 수 있었다. 누군가 지쳐 쓰러지면 함께 응원해주고 다시 설 수 있도록 기다려주었다. 또, 힘을 낼 수 있도록 함께 이 프로젝트의 의미를 되새기며 동기부여를 끝없이 해주었다. 함께했기 때문에 책 쓰기의 대장정을 마무리 할 수 있었다.

우리는 책 쓰기를 통해 생각지도 못한 많은 것들을 얻었다. 그리고 많은 성장을 하게 되었다. 책 쓰기는 우리에게 '용기'를 불어넣어주었다. '내가 과연 책을 쓸 수 있을까?'라는 의문으로 시작했던 책 쓰기가 하루에 한 편씩 글이 나오고, 그 글이 쌓이는 것을 보면서 '나는 불가능할 것 같았던 일을 해낼 수 있는 사람이구나'라는 스스로에 대한 용기도 생겨났다. 이것은 책 쓰기에만 적용되는 것이 아니다. 책 쓰기를 통해 얻은 용기는 다른 일을 하는 데 있어서도 자신감을 불어넣어주었고, 불가능하다고 생각하는 일에 용감하게 도전하게끔 우리를 성장시켰다.

책 쓰기는 '나를 돌아보고, 나를 알아가는 시간'을 갖게 해주었다. 자신을 돌아보면서 자신이 어떤 길을 걸어왔고, 그리고 어떤 변화를 겪고 있고 있는지 생각하게 했다. 그리고 내가 무엇을 원하는지, 어떤 방향으로 나아가고 싶은지에 대한 꿈을 정리하고 생각하는 시간을 선사했다. 이 시간들을 통해, 내가 만들어가고 싶은 꿈과 비전을 명확하게 세우고, 그 꿈을 향한 도약을 준비하는 기회가 되었다. 이 책을 읽고 있는 당신에게도 이 말을 꼭 전해주고 싶다.

책을 꼭 한번 써봐라! 당신이 경험한 스토리가 그 누군가에게 뜨거운 울림이 될 수도 있다. 어렵게 생각하지 말고 우선, 가볍게 당신의 이야기를 써보라. 그것이 쌓이면 곧 책이 될 것이다. 일단 무엇이라도 써보라. 생각만 하지 말고 짧은 글이라도 당장 써보자. 책 쓰기를 통해 성장하는 당신을 마주하고, 변화하는 당신을 경험해보라!

아빠와 같은 마인드를 가진 사람

목표를 향해 간절하게 달려가는 신 대리님

아빠의 레이더망에 들어온 독특한 청년

"진실아, 이 청년 알아?"

아빠가 갑자기 교회에 다니는 한 청년에게 관심을 보였다. 아빠는 종종 눈에 띄는 청년이 있으면 나에게 한번씩 물어보곤 했다. "이 친구는 어떤 청년이야?", "정말 애가 괜찮은 것 같더라" 하며 칭찬하기는 하지만 보통 그 정도에서 이야기가 마무리되었다. 딱 거기까지였다. 하지만 이번에는 달랐다. 아빠는 대화를 한두 번 정도밖에 나눠보지 않은 청년에 대해 엄청난 관심을 보였고, 심지어 카페에서 따로 만나고 왔다고 했다. 바쁜 아빠가 사적으로 관심 있는 청년을 따로 만난 것은 처음 있는 일이었다.

그로부터 며칠이 지나지 않은 어느 날, 아빠는 나에게 카카오톡으로 영상 하나를 보내왔다. 아빠가 이야기했던 그 청년이 '미리 쓰는 연말일기'라는 주제로 촬영한 영상이었다. 2023년 12월 31일의 일기인데, 독특한 점은 2023년 1월 1일에 촬영했다는 점이었다. 한마디로 아직 일어나지 않은 미래의 일기를 쓴 것이었다. 그 청년은 자신이 작성한 일기를 소리 내어 외치며 그 모습을 영상으로 남겨두었다.

〈2023년 12월 31일의 일기〉

· 지난 한 해를 돌아보면 나는 근로소득 외 수입으로 월 50만 원을 더 벌게 되었다.

· 2024년 나는 퇴사할 것이다. 너무 좋은 기회를 만났고, 성공의 가능성도 확인했다.

· 너무나도 좋은 멘토를 만나게 되어 궁금한 것은 언제나 멘토에게 바로 물어봤다. 나보다 더 좋은 의사 결정력과 판단력을 가진 멘토에게 바로 물어본 것은 돌이켜 생각해도 너무 잘한 일이다.

영상을 보고 난 후, 독특한 청년이라고 생각했다. '자기계발을 굉장히 좋아하는 분이구나'라고만 생각했다. 그리고 그 영상 속 열정은 반짝 타오르고 금방 꺼지는 잠깐뿐인 열정이라고만 생각했다.

'저렇게 말한다고 저게 정말 이루어지나? 흠, 그런데 저렇게 이야기한 것 중에 퇴사를 해야겠다는 게 있네…? 혹시 아빠한테 잘 보이려고 어필하는 건가? 퇴사하고 여기로 입사하려고 하는 건가…? 수상해.'

그동안 아빠의 마음에 들고 싶거나 우리 회사에 입사하고 싶어하는 사람을 수도 없이 봐왔기 때문에 나는 조금 걱정되었다. 아빠는 그 영상을 나에게 보내준 후로도, 그 청년을 두 번 정도 더 만났다고 했다. 그 청년을 만나고 올 때면 아빠는 설레는 기분으로 하루 종일 그 청년에 대해 신나서 이야기했다. "나를 보고 있는 기분이야", "이렇게 열정적인 친구는 처음이야", "이 친구, 정말 대단해" 등 온통 그 청년에 대한 칭찬뿐이었다.

하루는 아빠가 저녁에 내 방에 슬그머니 들어오더니 이렇게 말했다.

"진실아, 이건 비밀인데, 내년에 직원 한 명이 더 들어올 것 같아. 이 청년 정말 괜찮은 청년이야. 이런 청년이 오기만을 기다렸는데 드디어 찾은 것 같아."

아빠는 너무 신이 난 모습이었다. 아빠가 말한 청년은 나도 교회에서 본 적이 없는 새로운 얼굴이었다. 나는 오랫동안 청년부에 있었고, 꽤 중요한 직책을 담당하고 있어서 웬만한 청년들을 많이 아는 편이다. 그런데 잘 모르는 이름이길래 어떤 사람인지 몰라서 더 불안했다. 오랫동안 봐온 사람이 아니어서 짧은 시간 안에 함부로 사람을 판단하기에는 이르다고 생각했다. 아빠가 한두 번밖에 만나보지 않은 사람을 뽑을 만큼 가벼운 사람은 아닌데, 너무나 갑작스러웠다.

아빠의 교육생 중에서도 자녀들을 어떻게 여기에서 일할 수 없겠냐고 부탁하는 분들이 정말 많았다. 교회 청년들도 몇 명은 아빠 회사에서 일하고 싶다는 의사를 비췄지만 많은 직원이 필요하지 않았기 때문에 채용하지 않고 있었다. 그렇게 수많은 부탁에도 거절하던 아빠가 만난 지 얼마 안 된 청년에게 꽂혔다. 그 청년이 아빠와 많이 비슷하고 엄청 열정적이라고 침이 마르도록 칭찬했다. 그런데 나는 아빠가 한두 번 정도밖에 안 만나 봤으면서 그 사람이 정말 그런 사람인지 어떻게 판단할 수 있을까 싶었다. 우리 회사는 남들이 보기에 복지도 좋고, 자기계발도 하고, 돈도 많이 버는 자유로운 회사였기 때문에 아빠의 눈에 들고 싶어 그 청년이 일시적으로 노력하는 모습을 보이는 게 아닐까 걱정이 되었다. 하지만 가족들의 우려에도 불구하고 아빠는 새로운 직원을 회사에 영입했다.

2023년 연말 워크숍에서의 첫 만남

2023년 12월 말, 우리는 어느 투자자께서 제공해주신 안면도 펜션으로 워크숍을 떠났다. 아빠는 새로 입사하게 될 직원도 워크숍에 초대했다. 우리는 회사 사무실에 모여 출발하기로 했는데, 사무실에 도착했더니 신입사원의 모습이 보였다. 우리는 다같이 어색한 인사를 나눴다. 이름은 신영재라고 했고, 눈빛이 반짝반짝 빛났다. 처음 보는 자리여서 그런지 신입사원답게 열정에 가득 찬 눈빛이었다. 외모는 반듯하고 뚜렷한 인상이었고, 예의를 갖추는 모습이 어른들이 좋아할 것 같았다. 궁금한 게 많았지만 궁금하지 않은 척했다. 조금 경계심이 들었던 것도 사실이다.

신입사원은 첫날부터 남달랐다. 함께 식사 준비를 할 때도 어떤 준비가 필요할지 미리 찾아서 준비를 다 해놓았다. 내가 막내였기 때문에 누구보다 빠르게 움직였는데, 나보다 더 빠르게 알아서 착착 준비해놓았다. 너무나도 예의가 바르고 바른 이미지 그 자체였다. '음, 지금은 처음이니까 열심히 하는 거겠지'라고 생각하며 시간이 지나면 어떻게 될지 궁금해졌다. 그렇게 신입사원과 함께하는 1박 2일의 워크숍은 편안하게 마무리됐다.

제2의 아빠가 나타났다

신입사원은 2024년 1월 1일부터 출근했다. 직책은 대리로 결정됐다. 우리 회사는 9시가 출근 시간인데, 신 대리님은 매일같이 8시 전에 도착해서 미리 청소를 모두 해놓고 직원들을 맞이했다. 신 대리님은 아빠가 이야기하면 한 번도 거절하지 않았다. 한 번도 해보지 않았던 일이어도, 그리고 남들은 다 못한다는 일에도 "하겠습니다!"라는 대답을 외치며 할 수 있는 이유들을 구체적으로 찾은 뒤 바로 실행했다. 아빠의 무리한 요구에도 어떻게 저렇게 망설임없이 "YES"를 외치고 바로 행동으로 보여줄 수 있는지 신기했다.

세 달 동안 신 대리님을 회사에서 지켜본 결과, 사람이 한결같았다. 어떻게 저렇게 흐트러지지 않고 매일매일을 성실하게 일할 수 있는지 궁금했다. 누구보다 빨리 회사에 출근하고 또 가장 늦게 퇴근했다. 밤 10시가 되어가는 시간까지도 회사에 남아 주어진 업무를 마치고, 독서나 책 쓰기를 했다. '그렇게 회사가 좋은가? 아직 입사한 지 얼마 안 됐으니까 그럴 수도 있겠지!'라며 넘기기에는 엄청난 열정이었다.

신 대리님은 회사에 오기 전부터 정말 많은 자기계발서와 철학서, 그리고 다양한 책을 많이 읽었다고 하는데, 그래서인지 통찰력이 남다르고, 직원들과 고객에게 동기부여와 힘을 실어주었다. 책 쓰기 모임에서는 글을 쓰는 게 어려운 직원들에게 책을 많이 읽은 경험을 바탕으로 매끄러운 글쓰기를 할 수 있도록 적극적으로 도왔다. 또, 직원들이 삶에서 겪는 고민과 걱정을 함께 고민해주고 좋은 방향을 제시해주면서 인생을 힘차게 달려나갈 수 있는 힘을 북돋아주었다. 직원뿐만 아니라 우리 회사에 오는 고객에게도 그분들이 서먹하게 느끼지 않게 누구보다 이야기에 귀 기울이고, 편안하게 대했다.

신 대리님은 아빠와 같은 동네에 살고 있어서 퇴근 후에도 같이 러닝하자며 자주 연락을 주고받는다. 두 분이 저녁에 러닝한다는 이야기를 들을 때마다 '불쌍한 신 대리님. 퇴근이 퇴근이 아니구나. 퇴근 후에도 대표님과 러닝이라니…, 아무리 우리 아빠라고 해도 이건 감옥이야'라고 생각했다. 물론 아빠가 강제하지는 않지만 어느 정도 눈치라는 것이 있지 않은가. 싫어도 싫은 티를 내지 못하는 신입사원의 입장이 있기 때문에 어쩔 수 없을 거라고 생각했다. 하지만 신 대리님은 함께 러닝할 수 있는 상대가 생겨 너무 좋다고 했고, 아빠와 함께 달리면서 여러 이야기들을 나누는 것이 엄청 행복하다고 했다. 아빠가 달리는 속도는 다른 사람들이 따라잡기 힘든 페이스인데, 내 동생도 몇 년 동안 운동을 했음에도 불구하고 아빠의 속도를 따라가지 못했다. 아빠는 평소에도 저녁에 10킬로미터 이상 달린다. 가끔은 차로도 1시간 넘게 가야 하는 곳까지 러닝을 하기도 한다. 하루에 20킬로미터도 가뿐히 달리는 사람이 바로 우리 아빠다. 그런데 아빠의 페이스를 맞출 수 있는 사람이 드디어 등장한 것이다. 신 대리님은 아빠와 달리는 시간을 즐겼고, 달리면서 나누는 이야기를 엄청 좋아했다. 매사에 긍정적이고 꿈과 목표를 찾고자 뜨겁게 달려가는, 열정 넘치는 두 사람이 모이니 못할 게 없었다. 나는 아빠 같은 사람은 세상에 없을 거라고 생각했는데, 신 대리님이 바로 그런 사람이었다. '뭐지, 이 사람…?' 신 대리님을 알아갈 때마다 충격의 연속이었고, 궁금증은 계속 생겨났다.

도대체 어떤 생각을 가지고 있을까?

신 대리님은 입사하기 전 외국계 기업에서 연구원으로 일했다고 한다. 연봉도 직급도 매우 괜찮았다고 하는데, 아빠가 함께 일하자고 제안하자마자 그다음 날 바로 회사에 사표를 던지고 우리 회사에 온 것이다. 이곳에서의 일은 그전까지 자신이 하던 일과는 전혀 관련이 없는 새로운 일이었다. 왜 안정적인 직장을 뒤로한 채 과감하게 사표를 던지고 이곳으로 오게 되었는지 의문이 들었다. 계속해서 생겨나는 궁금증에 나는 신 대리님에게 물었다.

"신 대리님, 궁금한 게 있어요. 전에 다니던 직장이 안 좋았나요? 왜 이곳에 오게 된 거예요?"

"좋았죠. 사람들도 다 좋았고, 고객도 저를 먼저 찾아주고, 인사 고과는 항상 최고점이었어요. 큰 행사가 있을 때 트로피나 상금도 받고 보람도 느꼈어요. 그대로만 있었으면 임원까지 노려볼 수 있지 않았을까요? 아닌가? 하하하."

"그러니까요. 그런데 왜 여기로 오셨는지 궁금해요. 도대체 어떤 동기 때문에 과감하게 사표를 던지고 이곳에 오실 수 있었던 거예요? 앞으로 어떻게 될지도 불확실하잖아요."

그전에 다니던 직장에서도 충분히 인정받고 있었던 신 대리님이 그 모든 걸 놔두고 다시 새로운 도전을 하게 된 이유가 무척 궁금했다. 이해가 안 된다는 내 표정을 읽은 대리님은 빙긋 웃으며, 왜 그런 선택을 하게 됐는지 이야기했다.

"제가 직장에 계속 있었으면 8년 뒤에 팀장님 자리, 15년 뒤 연구소장님 자리에 가는 거예요. 그게 제 인생에서 일어날 수 있는 가장 극적인 일이죠. 그런데, 팀장님이나 연구소장님의 모습을 봤는데 그렇게 행복해 보이지 않는 거예요. 이미 미래가 정해져 있고, 제가 연구소장이 된 모습을 상상해봤는데 크게 행복해 보이지 않더라고요. 그런데 퇴사하고 여기에 온 지금은 10년이 아니라 당장 1년 뒤, 6개월 뒤도 어떻게 될지 모르겠어요. 예전에는 꿈 같아 보이는 일을 1년 뒤에 이룰 수도 있어요. 직장에 있었다면 '그려진 삶'을 사는 것이지만 이제는 '그리는 삶'을 살 수 있는 거예요. 안정적이지 않아도 괜찮아요. 그래서 대표님이 손을 내밀어주셨을 때 바로 제 모든 것을 던지겠다고 선택했어요."

신 대리님은 지금 현재만을 바라보지 않았다. 앞으로 자신에게 펼쳐질 미래를 멀리까지 내다보고 있었고, 언젠가 자신의 꿈을 이룰 수 있는 기회의 순간을 위해 계속 준비하고 계셨다. 하지만 어떻게 지금까지 자신이 가꾼 이 모든 것을 한순간에 던질 수 있단 말인가? 도대체 그런 용기가 어디서 나왔는지 궁금했다.

"신 대리님, 하루 만에 퇴사를 결정한다는 게 쉽지 않았을 텐데 도대체 어떤 생각을 가지고 계셨던 거예요?"

"인생은 선택의 연속이라는 말이 있잖아요? 선택하지 않는 것은 불가능해요. 선택하지 않는 것조차 선택이니까요. 지금 이 순간 무엇을 어떻게 선택했는지가 내일의 나를 만든다고 믿어요. 이것저것 따지면서 매사에 부정적으로 생각하며 도전하지 않고 항상 제자리에서 투덜거리는 것은 인생을 낭비하는 거라고 생각해요. 아직 젊은데 도전적으로 선택해도 괜찮지 않아요? 설령 그 선택으로 실패하더라도, 실패에서 배우고 소중한 경험을 얻을 수 있으니까요. 기회라고 생각되면 과감하게 기회를 잡는 용기와 실행, 목숨을 건 선택이 필요해요. 저는 대표님을 처음 만났을 때가 그 선택의 순간이라고 확신했고 퇴사를 말한 순간 제 미래는 완전히 바뀌었어요."

아빠의 마인드를 가진 신입사원, 신 대리님

신 대리님께 마지막으로 물었다.

"신 대리님, 만약에 기대한 것 만큼 이곳에서 잘 풀리지 않으면 후회하지 않으시겠어요?"

"네! 전 후회 안해요! 대표님과 처음 이야기하고 제 속이 너무 시원했어요. 삶을 어떻게 살아야 하는지에 대해서 지금껏 가려웠던 부분들을 모두 속 시원하게 긁어준 기분이었어요. 그래서 이 분이 무슨 일을 하고 있든 무조건 따라가고 싶다는 생각을 했어요. 만약 대표님이 제가 생각한 것과 다른 분이었다든가, 극단적으로 사기꾼이어서 제가 모든 걸 다 잃는다고 해도 따라갈 것인가 스스로에게 물어봤는데 그래도 퇴사하겠다는 결론을 내렸어요. 이미 정해져 있는 삶보다 0에서 다시 시작하는 게 더 끌렸어요. 제 삶이 완전히 망하면 처음부터 하면 돼요. 카페에서 아르바이트를 시작하든, 도배를 배우든, 붕어빵을 팔든 미친 듯이 열심히 하면 길이 열릴 거라고 믿어요. 어떤 일이든 목표를 향해 간절하게 달려가는 사람은 빛이 나요. 보석처럼 빛나는 사람은 반드시 먼저 간 사람의 눈에 띄게 되어 있어요. 다른 건 몰라도 정신력만 있으면 다 잃어도 괜찮다고 생각하니 퇴사하는 건 당연하다는 생각이 들었어요."

신 대리님의 확신 있는 표정과 그리고 주저함 없이 이야기하는 모습을 보면서 끊임없이 도전하고 자신에게 확신을 가지고 달려나가는 아빠의 모습이 겹쳐 보였다. 계속해서 도전하고 넘어지는 것에 두려워하지 않는 신 대리님의 모습이 아빠의 모습과 무척 닮았다고 느꼈다.

처음에는 직원을 잘 뽑지 않는 우리 회사에 아빠가 몇 번 만나보지도 않은 청년을 갑자기 신입사원으로 데리고 온다고 해서 걱정이 한가득이었다. 그런데, 이제는 아빠가 왜 신 대리님을 데리고 왔는지, 그리고 왜 꼭 이 청년이어야만 했는지 알 것 같다.

매일 외치는 긍정확언

나도 시작하다, 긍정확언 – 신영재 대리님의 영향력

어느 날, 고객이 우연히 신 대리님의 유튜브 영상을 보고 좋은 영향을 많이 받았다는 연락을 주셨다. 아빠가 고객에게 그런 연락을 받았다고 회사 직원들에게 알렸다. 종종 회사에서 신 대리님이 규칙적으로 긍정확언 영상을 찍고 있다는 이야기를 지나가며 들은 적이 있지만, 한 번도 그 영상을 본 적은 없었다. '뭘 찍는 걸까?'라는 관심이 조금씩 생기고 있었지만, 한편으로는 '저게 뭐 별거라고⋯. 저게 정말 효과가 있어? 저렇게 한다고 뭐가 달라질까?'라고 생각했다. 그렇게 생각했던 내가 막상 또 관심을 갖는다니 내 자신이 우스웠다.

하지만 고객이 칭찬을 해주셨다는 이야기를 듣고 그날따라 궁금해졌다. 도대체 무슨 영상을 찍는 건지 보고 싶었다. 그렇게 신 대리님의 유튜브 계정을 보게 되었는데, 신 대리님은 매일매일 영상을 업로드하고 있었다. 하루도 빠짐없이 꾸준히 영상을 올리고 있었는데, 신 대리님이 확언을 외치는 영상은 조금 독특하게 느껴졌다. 신 대리님 자신이 읽은 책에서 의미 있고 감동 깊었던 부분을 요약·정리해서 긍정적인 생각을 할 수 있도록 메시지를 전했다. 그리고 10개의 긍정확언을 외치고 마무리하는 간단한 영상을 매일 꾸준히 업로드하고 있었다.

여러 권의 책을 독서하며 알게 된 사실은 성공한 사람들은 공통점이 많다는 것이다. 확언하기, 운동하기, 공부하기 등 그들만의 공통점이 있다. 많은 사람들이 성공한 사람들의 책을 읽는다. 그리고 성공한 사람들의 습관을 알게 된다. 하지만 딱 거기까지다. 성공한 사람들의 습관을 따라 하는 사람은 100명 중 1명밖에 없다. 대부분이 '저 사람이니까 가능했던 거야. 나도 저런 상황이었으면 저렇게 했을 거야. 이건 우리는 할 수 없는 범주의 일이야'라며 생각으로 끝난다. 하지만 신 대리님은 정말 많은 자기계발서와 성공한 사람들의 이야기를 읽으면서 성공한 사람들의 성공하는 습관을 모두 따라 하고 있었다. 심지어 단기적인 것이 아닌 장기적으로 꾸준히 그것들을 실천하고, 자신의 것으로 만들어가고 있었다.

니는 평소에 사람들의 눈치를 많이 본다. 남들과 비슷한 평범하지 않은 것들을 하면 주변에서는 '저 친구는 별나다. 이상하다'라고 생각하는 사람들의 시선을 피하기 위해 언제인가부터 조용히 튀지 않게 지냈다. 그리고 내 일상과 나를 보여주는 SNS 활동은 하지 않았다. 성공하는 사람들이 하는 것들을 따라 하는 것이 창피했고, 그게 친구들 사이에서 웃음거리가 될 것 같았다. 매일 내 모습을 촬영해서 목표를 이야기한다면 친구들에게 웃음거리가 될 것만 같았다. 주변 사람들 사이에서 내 이야기가 오고가는 게 싫어 최대한 튀지 않게 행동했다. 그렇지만 성공한 사람들의 이야기나 강연을 들을 때면 내 안에서는 성장하고 싶고, 그들을 따라 하고 배우고 싶다는 마음이 생겨 가슴이 두근두근 뛰었다.

사실 신 대리님의 영상을 보면서 겉으로는 '저렇게 한다고 뭐가 달라질까?'라고 부정하고 있었지만 속으로는 '나도 저렇게 해보고 싶다'라는 마음이 너무나도 솟구쳤던 것 같다. 하지만 막상 그렇게 하지 못하는 내가 미워서 더 셈이 났던 게 사실이다. 그런 생각을 가진 내가 너무 한심했고 저런 용기를 가지지 못한 내가 초라하게 느껴졌다.

당장 노트를 폈다. 그리고 올 한 해 내가 외치고 싶은 긍정확언들을 적었다. 되고 싶은 나의 모습과 '나는 그렇게 될 수 있다'고 외치는 나의 다짐들을 하나, 둘 적어 내려갔다. 매일 아침 일어나 노트에 긍정확언을 적고 외치며 하루를 시작했다. 긍정확언으로 하루를 시작하니 일상생활을 하는 내내 내가 적은 긍정확언들이 머릿속을 맴돌았다. 그리고 그 맴도는 생각들은 어느새 나를 정말 그런 사람으로 만들어주고 있다.

확언 1. 나는 오늘도 말을 예쁘게 한다. 내가 하고자 하는 '요구'를 알고 '욕구'로 말하지 않는다.

확언 2. 나는 오늘도 될 이유를 찾는다. 이 세상에 안 되는 건 없다. 나는 뭐든지 할 수 있다.

확언 3. 나는 감정의 지배자다. 내 감정의 주인은 나다. 내 감정을 함부로 남에게 드러내지 않을 자신이 있다.

확언 4. 나는 팀원에게 존경받는 리더다. 내가 멋지게 일하는 모습을 보여줌으로써 팀원에게 동기부여를 줄 수 있다.

확언 5. 나는 사람들과 눈으로 대화한다. 나는 상대방과의 눈싸움에서 이길 자신이 있다.

확언 6. 나는 올해 원하는 자격증을 취득해 실력을 쌓는다. 실력이 있는 사람이 되어 세상을 바꾼다!

우리는 가끔 무례한 사람들을 만나게 된다. 무례한 사람에게 욱하는 마음으로 대응하려고 할 때마다 내가 외치는 확언들을 떠올렸다. '나는 오늘도 말을 예쁘게 한다…. 나는 오늘도 말을 예쁘게 한다….' 욱해서 미운 말들을 내뱉을 수도 있었던 상황에서 내 확언들이 떠오를 때면 나는 한 번씩 내가 하려는 행동에 브레이크를 걸고 한 번 더 호흡하며 생각해보았다. 그리고 어떻게 하면 기분 나쁘지 않게 예쁜 말로 설명할 수 있을지 고민했다. 또한 나는 사람들과 대화할 때, 눈을 마주치는 게 어려웠는데, 사람들과 대화하는 자리가 만들어질 때마다 내가 외친 확언들이 떠오르면서 한 번이라도 더 내가 대화를 나누는 상대방과 눈을 마주치려고 노력하게 되었다.

긍정확언을 적고, 긍정확언을 외쳤더니 내가 점점 변하기 시작했다. '긍정확언을 외친다고 뭐가 달라질까?'라고 생각했던 나의 생각이 너무 섣불렀고 어리석었음을 깨달았다. 매일 긍정확언을 외치다 보니 '지금 나의 모습'이 '내가 꿈꾸었던 확언 속의 모습'을 닮아가고 있음을 확실히 느꼈다. 나는 지금 점점 변하고 있고 성장하고 있다. 100일 후의 나는 얼마나 성장해 있을까? 1년 후에 나는 얼마나 더 큰 사람이 되어 있을까? 미래의 내가 기대가 된다.

PART 3

300억 원 부자 아빠가
알려준 성공 마인드

아빠의 성공 습관
단순하게 계획하라, 그리고 생각한 대로 즉각 실행하라

예상치 못한 아빠의 MBTI

제주도에서 회사 직원들과 워크숍을 할 때였다. 커피 한잔의 여유를 즐기기 위해 바닷가 근처 카페에 들렀다. 이야기를 나누다가 MBTI 이야기가 나왔고 우리는 서로의 MBTI를 유추하면서 맞춰보기로 했다. 어느덧 아빠의 차례가 다가왔다. 아빠가 MBTI 검사를 하는 동안 직원들은 아빠의 MBTI를 유추했다. 결과는 어떻게 됐을까? 아무도 아빠의 MBTI를 맞추지 못했다. 아빠는 ESFJ인데, 특히 반전이었던 것은 J라는 사실이었다. P는 즉흥적으로 일하는 성향이고, J는 계획적으로 일하는 성향을 의미한다. 나는 아빠가 P라고 확신했는데, J라니!

27년간 내가 알고 있는 아빠는 무슨 일을 하는 데 있어 굉장히 즉흥적인 사람이었다. 하루는 회사에서 바닥이 낡은 것을 보고 "흠, 이제 바닥

에폭시를 다시 깔아야겠네" 하면서 바로 철물점에 가서 에폭시를 구매해 오후에 바로 바닥공사를 시작했던 적도 있다. 아빠는 항상 갑자기 일을 추진하고, 바로 바로 행동하는 사람이었기 때문에 절대 계획적인 사람은 아닐 거라고 확신했던 것이다. 그런데 J라니! 나뿐만 아니라 다른 직원들도 아빠는 P라고 확신했는데, 모두의 예상을 깬 결과였다. 다들 어리벙벙한 상황에서 아빠가 입을 열었다.

"무작정 일을 실행하는 건 없어. 나는 무조건 계획하고 실행하지. 무계획처럼 보이겠지만 머릿속에서는 이미 계획들을 전부 그리고 있어. 나는 생각하면 바로 계획을 세워. 그리고 그 계획들을 주저함 없이 바로 실행해. 미루는 건 절대 없어. 어떤 일이든 내 계획 안으로 들어오면 최대한 머뭇거릴 새도 없이 바로 끝내버리려고 해."

아빠는 계획적이지 않은 사람이 아니었다. 그저 계획과 실천의 사이의 텀이 아주 짧았기 때문에 겉으로는 계획적이지 않아 보였던 것이다. 아빠는 항상 행동이 빠른 사람이었다. 아빠가 그동안 살아온 삶 속에서 실패를 무릅쓰고도 다시 일어나 더 크게 성장할 수 있었던 이유는 바로 단순하게 계획하고 즉각 실행했던 행동력이 있었기 때문이다. 아빠가 성공할 수 있었던 행동 습관을 세 가지로 정리하면 다음과 같다.

먼저 단순하게 계획하라

나는 계획을 세우고 실천하기까지의 기간이 길다. 일단, 계획이 거창하다. 일을 완벽하게 하고 싶어 누구보다 잘 실행할 수 있을 엄청난 계획을 세운다. 하지만 실수 없이 잘해야 한다는 부담감과 완벽하게 해야 한다는 부담감으로 인해 이를 회피하고자 일을 미루게 된다. 즉, 완벽함을 추구하지만 완벽하게 하려다 보니 일을 계속 미루게 되는 '게으른 완벽주의자'다.

'오늘은 이 일정 때문에 안 돼, 내일은 저 일정 때문에 안 돼'라며 해야 할 일은 뒤로 미루고, 그러다 보면 어느새 하기 싫은 일이 되어버린다. 결국 밀린 일정들은 언젠가는 끝내야 하기 때문에 굉장히 부담이 된다. 마감 직전까지 미루는 일이 많다 보니 결국 밀린 일들을 처리하느라 항상 시간에 쫓겨 산다. 여유를 찾기가 힘들다.

반면, 아빠는 계획을 세우고 실천하기까지 기간이 굉장히 짧다. 다만, 아빠의 계획은 거창하지 않다. 아빠는 일단 단순하게 시작한다. 그렇기 때문에 계획을 하고 바로 실천하기 쉽다. 완벽주의자인 내가 볼 때는 그런 방식이 답답하다. 완벽하게 갖춰놓고 시작하지 않기 때문에 무엇인가 단순하고 어정쩡하고 불안해 보인다. 가끔은 실수하는 모습도 보인다. 나는 항상 "아빠, 그렇게 어설프게 하면 안 돼"라고 이야기한다. 하지만 막상 일을 제대로 끝내는 건 내가 아닌 아빠다. 아빠는 완벽주의자로 행동했던 나에게 항상 이렇게 말했다.

"시작하기까지의 과정이 복잡하면 시작하기 어려워. 일단 시작이 간단해야 해. 오랜 시간 동안 심사 숙고하면서 시작을 주저하기보다는 간단하게 시작하고 거기서 다듬고 보완하면 돼."

새로운 일이 생기면 최대한 단순하게 계획해야 한다. 완벽한 계획은 없다.

생각한 대로 즉각 실행하라

아빠는 무슨 일을 하든 미루는 것을 아주 싫어한다. 계획과 실천 사이에 긴 시간이 생기는 걸 용납하지 않는다. 무엇이든 미루면 그것이 쌓이고 쌓여 나중에는 하기 싫어지기 때문에 최대한 바로 해치워버리고 싶어한다. 아빠는 하기 싫고 하기 어렵다는 생각을 가지기도 전에 바로 해치워버리는 것이 해야 할 일들을 끝내는 가장 좋은 방법이라고 자주 이야기한다.

아빠는 집에 오자마자 바로 샤워부터 한다. 샤워를 하기로 생각하고 계획한 대로 즉시 행동으로 옮기는 것이다. 반면에 나는 집에 가자마자 샤워해야겠다고 생각은 하지만 우선 할 일들을 먼저 끝내고 해야지라는 마음으로 샤워는 나중으로 미룬다. 그러다 보니 이것저것 할 일들을 끝내고 자기 전 샤워를 하려고 하면 이미 몸이 너무 지쳐서 샤워하는 게 귀찮은 일이 되어버린다. 가끔은 너무 피곤하면 이불 위에 바로 쓰러져버려 안 씻고 자는 일도 종종 있다. 샤워를 하려고 계획은 했지만 계속 미루다 보니 지키기 힘든 일이 되어버린 것이다.

계획과 실천 사이가 길어지면 막상 계획한 일도 하기 싫어진다. 이런저런 핑계를 대면서 '나중에 해야지'라고 마음먹는 순간, 이미 그 계획은 무용지물이 되어버린다. 한 번 미루는 게 어렵지 두 번, 세 번 미루는 것은 쉽다.

아빠는 계획과 실천의 사이를 짧게 만들어간다. 계획한 대로 바로 실행에 옮긴 아빠에게 밀려 있는 일이란 없다. 순식간에 쌓여 있는 일정을 해치워버린다. 나보다 더 일이 많음에도 불구하고 바로 일을 해치워버리기 때문에 항상 시간적인 여유가 있다. 오히려 해야 할 일들을 주저함 없이 빠르게 해치우고 남은 시간을 여유 있게 사용한다.

앉아서 계획만 하지 말고 일단 움직여보자

아빠의 시작은 항상 어설프지만, 결과는 누구보다 뛰어나다. 우선 그 일이 완벽하든 그렇지 않든, 계획 안에 들어왔으면 어떻게든 실행하는 것을 우선으로 여긴다. 아빠는 항상 실행하지 않으면 아무 일도 일어나지 않는다고 강조한다. 앉아서 계획만 하지 말고 일단 시작하고 나서 발전시켜가라고 한다. 남들이 시작할까 말까 고민하는 동안, 아빠는 가장 먼저 시작해서 맡은 일을 계속해서 다듬어가고, 남들보다 더 다듬고 보완할 수 있는 시간을 번다. 오히려 시간적 여유를 가진 아빠는 더 멋지고 완벽한 완성작을 내놓을 수 있는 것이다.

유튜브를 운영해보려고 여러 촬영 장비들을 다 구매했지만 제대로 시작도 하지 못한 채 유튜브를 포기하고 구매한 장비를 다시 당근마켓에 올리는 사람들을 수도 없이 볼 수 있다. 당장 자전거 여행을 계획하며 비싼 자전거를 구매했지만 결국에는 출발해보지도 못하고 자전거를 중고로 판매하는 사람들을 수도 없이 볼 수 있다. 계획과 준비만 하다가 끝나는 사람들이 세상에는 수도 없이 많다. 거창한 준비와 계획은 오히려 시작을 어렵게 한다. 아빠는 시작이 어설프더라도 내가 계획한 것을 이루는 것이 가장 중요하다고 항상 강조한다. 계획이 중요한 게 아니라 실행하는 게 중요한 것이다. 당장 책상을 박차고 일어나 내가 꿈꾸고 목표했던 것들을 즉시 실행해보자!

약속의 중요성
1초라도 늦으면 아웃

체감할 수 있도록 약속의 중요성을 심어주다

초등학생 때의 일이다. 학교에 가거나 교회에 갈 때면 나는 아빠에게 차를 태워달라고 부탁하곤 했다. 그때마다 아빠는 항상 정확하게 몇 시, 몇 분에 출발할 거라고 이야기했다. 충분한 준비 시간을 내게 주었지만, 막상 나가기 전에 짐을 싸고 꽃단장하며 이것저것 준비하다 보면 몇 분 정도 늦을 때도 있었다. 그런데 아빠는 기다려주지 않았다. 약속한 시간이 지나면 냉정하게 먼저 가셨다. 당시, 우리 가족이 살고 있던 아파트 정문에는 아파트를 빠져나가기 전에 신호등이 하나 있었는데, 아빠가 정문 신호등이 빨간불에서 초록불로 바뀌기를 기다리고 있을 때 헐레벌떡 뛰어가 간신히 차를 얻어 탄 적도 있었다. 하지만 가차 없이 가버린 적도 있었다.

아빠는 나에게 약속한 것을 지키지 못했을 때는 책임이 따른다는 것을 몸소 체험할 수 있도록 해준 것이다. 약속 시간을 지키는 것이 얼마나 중요한지에 대해 확실하게 일깨워주었고, 시간을 지키지 못했을 때 내가 감당해야 할 책임까지 나는 확실히 느낄 수 있었다.

약속에 대해서는 피도 눈물도 없는 엄격한 아빠

20대 중반 무렵, 나는 법무사 사무장님 옆에서 열심히 법무 일을 배우고 있었다. 당시 아빠가 한 군데 법인을 나에게 맡기셔서 그 운영까지 감당하고 있었다. 하루는 법무사 일이 굉장히 바쁜 날이었다. 그날은 오전에 계약이 있었기 때문에 아빠 사무실에서 계약을 진행하고 있었다. 그때 마침 아빠가 어떤 거래처로 세금계산서를 발행해달라고 이야기를 했다. 하지만 나는 바로 외근을 나가야 하는 상황이었기 때문에, 우선 알겠다고 대답한 뒤 법무사 일부터 해결하려고 사무실을 급히 나왔다. 그렇게 외근이 끝나고 사무실에 돌아와서 남은 일을 처리하던 중 전화가 왔다.

"세금계산서 끊었어?"

"아! 아직 안 끊었어. 오늘까지만 끊으면 되는 거 아니야?"

"아직도 안 끊고 뭐 했어? 아까 끊으라고 했잖아. "

"당장 바로 끊어달라는 이야기는 없어서 오늘까지만 하면 되는 줄 알았어. 나도 법무사 일 먼저 끝내고 하려고 그랬어. 그건 이거 다 끝내고 나서 해도 되잖아?"

"이건 약속이야. 세금계산서 끊는 게 오래 걸리는 일도 아니잖아. 너는 이게 가벼운 일이라고 생각할지 몰라도 이걸로 아빠는 그동안 고객과 쌓아온 신뢰가 깨질 수도 있는 거야. 지금 당장 보내줘."

"힝, 알겠어…."

사실 조금 억울한 마음이 있었다. 나도 본업이 있고, 이것저것 하기에는 집중하기 힘들어서 하고 있던 법무 일이 끝나고 난 후 세금계산서를 발행하려고 했다. 그런데 내 바쁜 상황은 이해해주지 않고 쓴소리만 하는 아빠가 야속했다. 그런 마음을 안고 퇴근 후에 아빠와 이야기를 나눴다. 나는 법무사 일이 본업이고 지금의 최우선 순위라고 말했다. 또 외근도 해야 하는 오늘 같은 날은 정신이 없기 때문에 내가 세금계산서를 늦게 끊을 수밖에 없었다고도 이야기했다. 하지만 아빠는 그런 내게 물었다.

"정말 세금계산서를 끊을 1분의 시간조차 없었어? 세금계산서 끊는 게 오래 걸리는 일은 아니잖아."

"…."

바쁜 와중에 이것저것 하려니 마음의 여유가 생기지 않았다. 일분일초가 급해서 외근하러 가기 바빴다. 하지만 외근 후에 바로 처리했으면 됐는데 깜빡하는 바람에 그 일이 밀리고 밀렸던 것이다. '그래도 그렇지, 정말 많이 바빴는데'라는 억울한 마음을 가지고 있던 나는 눈물을 뚝뚝 흘렸다. 하지만 아빠는 너무나도 냉정하게 이야기하며 나를 혼냈다. 그리고 약속의 중요성에 관해 이야기해주었다.

"비즈니스에서 약속이란 사람 간의 신뢰를 의미해. 내가 이제까지 쌓아온 신뢰가 한 번 지키지 못한 약속으로 무너질 수도 있는 거란다. 그 사람들은 내가 세금계산서를 끊어주기를 계속 기다리면서 컴퓨터 화면만 보고 있었을 수도 있는 거야. 진실아, 내가 너와 함께 일하고 있는 신문금 사무장님과 왜 항상 같이 일하는 줄 알아? 사무장님은 내가 언제든지 전화해서 서류를 부탁하면 바로 해주시기 때문이야. 아무리 바빠도 고객들이 서류를 요청하면 바로 보내주시고, 사적인 시간에 연락하더라도 기쁘게 응대해주고 바로 일을 처리해주시기 때문이지. 그렇기 때문에 아빠는 신 사무장님에 대한 신뢰도가 100%이고, 그 신뢰도로 인해 항상 신 사무장님이랑 함께 일할 수 있는 거란다. 어렸을 때는 약속의 무게가 가벼웠을지 몰라도 이제는 너도 사회생활을 하고 있어. 사회생활에서 약속의 무게는 그 무엇보다도 무겁고, 이 약속이 너를 평가하는 기준이 되고, 너에 대한 신뢰도를 가늠하는 거야. 아빠는 네가 약속을 정말 목숨과 같이 중요하게 생각했으면 좋겠어."

그러고 보니 나도 사회생활을 하면서 매번 약속을 지키지 않는 사람들을 볼 때마다 저 사람이랑은 다시 일하고 싶지 않다는 생각을 했다. 그리고 주변 사람들이 한두 번 약속을 어기는 사람들을 보며 "이 사람은 약속을 지키지 않는 사람이야. 신뢰할 수 없어"라고 평가하는 것을 자주 보았다. 그런 경험을 떠올려보니 아빠가 말한 약속의 무게가 얼마나 무거운지 깨닫게 되었다.

"진실아, 약속은 사람 간의 신뢰로 중요하게 연결된단다. 네가 약속을 지키는 모습을 보고 사람들이 너와의 관계를 이어갈 수 있을지 아닐지 판단하는 기준이 될 수 있어."

아빠는 중요한 약속이든 하찮은 약속이든, 그 경중을 따지지 않고 모든 약속에 목숨을 걸고 최선을 다한다. 절대로 일을 미루는 일이 없고, 약속한 시간보다 최대한 빨리 일을 처리하려고 노력한다. 그래서 그럴까? 아빠와 한번 일해본 분들은 계속해서 아빠와 일하려고 한다. 우리도 약속을 목숨을 걸고 지켜보자. 상대방이 감탄할 정도로 지켜보자. 그러면 어느새 내 주위에는 나를 신뢰하는 사람들로 가득할 것이다. 앤드류 카네기(Andrew Carnegie)는 말했다.

"아무리 보잘 것 없는 것이라고 하더라도 한번 약속한 일은 상대방이 감탄할 정도로 지켜야 한다. 신용과 체면도 중요하지만, 약속을 어기면 서로의 믿음이 약해진다. 그래서 약속은 꼭 지켜야 한다."

아침을 깨워라
성공하는 습관으로 하루를 시작하자!

내가 중학생 때, 아빠가 매일 새벽에 나가는 걸 보고 궁금증이 생겨 몰래 따라 나갔던 적이 있다. 매일 새벽마다 어디에서 무얼 하는지 궁금해서였다. 아빠는 우리 동네의 가장 큰 레포츠공원에서 사람들과 조기축구를 하고 있었다. 그 새벽에 운동장에서 열심히 웃통을 벗고 달리는 아빠의 모습을 보고 '정말 부지런하네, 신기하다'라는 생각을 하며 집에 돌아왔던 기억이 있다.

아빠는 출근하기 전에 아빠만의 아침 루틴을 가지고 있었다. 새벽 5시에 일어나 조기 축구나 러닝을 한 후에, 집에 와서 씻고, 출근 준비를 마친후 7시에서 7시 반까지 그날 뉴스와 유튜브 소식들을 확인했다. 그리고 어린 동생들을 깨우고 집을 나서서 근처 카페나 편의점에서 커피를 한잔한 후에 사무실로 갔다. 아침에 일찍 일어나 운동하는 게 사실 쉽지 않은 일인데 매일 꾸준히 반복해 아빠만의 아침 루틴, 습관으로 만들어갔다.

전 세계 13개국에 매장을 보유하고 연 매출 6,000억 원의 글로벌 기업 켈리델리의 창립자이자 회장인 켈리 최는 성공한 사람을 이야기할 때 빠지지 않는 인물이다. 켈리 최는 정말 가난했던 시절에 그녀의 어머니가 했던 "해 뜨면 또 살아진다"는 말씀을 계속 상기했다고 한다. 그녀는 실패로 힘들어하던 시기에, 밝아오는 새벽에 집을 나서서 무작정 걸었고, 걷기를 할수록 기분이 좋아졌다고 한다. 그렇게 아침 일찍 매일 걷다 보니 다시 살아야겠다는 생각을 하게 되었다고 한다. 그녀는 성공한 사람 1,000명의 사례를 공부했는데, 그들의 공통점은 '아침에 행동하는 자'들이었다고 한다. 《100일 아침 습관의 기적》이라는 그녀의 저서에서는 지금의 켈리 최를 만든 건 아침마다 수행하는 기본 루틴 덕분이라고 그녀는 말한다.

주변에 성공한 분들을 보면 정말 그들만의 아침 루틴이 있다. 나와 가장 가까이에 있는 사람 중에는 아빠가 한결같이 일을 깔끔하게 한다고 칭찬하는 사무장님이 있다. 사무장님은 매일 일찍 일어나 운동과 공부를 하신다. 아이를 키우다 보니 자신만의 시간을 가질 수 있는 때가 아침 시간이었고, 이제는 아침 시간에 공부와 운동을 하는 것이 습관이자 기쁨이라고 하신다.

또 우리 회사 직원 중에는 건축, 경매, 부동산에 대해 척척박사이신 임이사님이 있는데, 그분도 자신만의 아침 루틴을 가지고 계신다. 임 이사님은 아침마다 산책하면서 생각을 정리하는 시간을 가지신다고 했다. 나 또한 중학생 때, 부지런한 아빠를 배워보고자 아침 루틴을 만든 적이 있다. 새벽 6시에 일어나서 아침 수영을 다녀온 후, 일찍 등교해서 학생자치단 교통지도 봉사를 했다. 1교시 시작 전, 자습시간에는 학교 육상대회를 준비하던 터라 같이 대회를 준비하는 친구들과 함께 운동장에서 달리기를 하고 나서 수업에 들어갔던 경험이 있다. 지금 생각해보면 정말 살벌한 아침 루틴이었다. 하지만 그때 나는 기분이 너무 상쾌했고, 뿌듯했다. 남들보다 아침 시간을 잘 활용했더니 할 수 있는 게 많다는 것을 느꼈고, 하루를 알차게 시작하니 '이 세상에 할 수 없는 건 없다!'라는 생각이 내 안에 가득 찼으며, 자신감도 넘쳤다.

성공한 사람들은 말한다. 아침에 일어나 이불을 정리하는 것도 성공하는 습관의 시작 중 하나라고 말이다. 처음에는 사소한 것부터 시작해보자. 일어나자마자 물 한 잔 마시기도 중요한 아침 루틴이 될 수 있다. 조그마한 것부터 시작해 내가 할 수 있는 것들을 실천하고, 하나씩 늘려가 보자!

"작심삼일, 백 번 해보자!"

내가 정말 존경하던 목사님께서 매번 하시던 말씀이다. 무너지면 또 일어서면 된다. 무너졌다고 해서 실패하는 게 아니다. 다시 일어서서 걸으면 된다. 작심삼일을 열 번, 스무 번, 그리고 백 번 반복한다면 어느 순간 내가 목표한 아침 루틴은 노력하지 않더라도 자연스러운 나의 일상이 되어 있을 것이다. 아침 루틴 작심삼일, 백 번 해보자!

목표를 세워라

꿈꾸는 행복한 인생에 더 빨리 도달할 수 있는 방법

성공은 목표를 세우는 것에서부터 시작한다

아빠는 항상 목표를 가지고 있었다. 보험 일을 했을 때는 '오늘 열 번 거절을 당해야 퇴근할 것이다'라는 목표를 가지고 일했다고 한다. 하루는 밤 11시가 되어도 아빠가 오지 않아 엄마가 전화를 걸었다.

"여보, 어디야? 지금 밤이 늦었는데, 왜 안 들어와?"

"응, 여보! 나 이제 들어가! 오늘 열 번 거절을 못 받아서 집에 못 들어가나 했는데, 다행히 지금 막 방문한 가게에서 마지막 열 번째 거절을 받았어! 오늘 하루 종일 보험 계약이 성사되는 바람에 열 번 거절 못 받을 뻔했어. 휴, 다행이다!"

아빠는 술과 담배를 하지 않는다. 즉, 접대 목적의 저녁식사 자리도 잘 갖지 않는다. 그런 아빠가 오로지 고객과의 순수한 상담과 미팅만으로 열 번 거절을 받을 때까지 계속 돌아다니며 밤 11시까지 영업을 했던 것이다. 아빠는 매일 자신의 한계를 뛰어넘는 목표를 정했다.

'나는 이번 달에 50건의 계약을 채워보겠다!'

하루에 한 건도 하기 어려운 보험 시장에서 단체 보험이 아닌 개인 보험으로 50건의 계약을 성사시키는 것은 정말 어려운 목표다. 하지만 아빠는 자신의 한계를 넘어설 수 있는 목표를 세우면서, 그 목표를 이루기 위해 매일 방법을 고민하고, 또 행동으로 만들어갔다. 결국 목표한 바를 전부 성취해냈으며, 목표를 성취한 데서 그치지 않고 계속 자신의 목표를 늘려갔다. 결국 한 달에 보험 100건을 하겠다는 목표를 설정했고, 그 목표는 현실이 되었다. 아빠는 한 달에 보험 100건을 넘겼고, 그달 전국에서 보험 계약 영업 2위라는 성공을 거머쥐었다.

아빠, 왜 목표를 세워야 해?

2023년 새해를 맞아 아빠는 직원들에게 2023년 신년목표를 정해오라고 했다. 신년 워크숍에서 새해목표에 대한 이야기를 나눌 거라고 했다.

'갑자기 무슨 목표? 개인적인 목표를 회사 워크숍에서 이야기 나눈다고?'

회사 사람들과 개인적인 성장에 대한 목표 이야기를 나눈다고 생각하니 부끄럽고 민망했다. 사적인 자리도 아니고 공적인 자리에서 직원들과 이런 이야기를 한다는 게 굉장히 어색했다. 한편으로는 어떤 목표를 세울까 계속 고민되었다. 회사 워크숍에서 나누는 목표니까 조그마한 목표는 안 될 것 같고, 거창한 목표를 세우자니 남들 앞에서 목표를 이야기하고 막상 이루지 못한 내 모습을 보여주는 것도 창피할 것 같았다. 목표를 세우기 전부터 목표를 이루지 못한 내 모습을 상상하고 있는 것이 초라하기 그지없었다. 답답한 마음에 아빠한테 따지듯 물었다.

"아빠, 왜 목표를 세워야 해?"

목표를 왜 세워야 하는지 의문이 들었다. 그냥 지금 내가 하고 있는 일에 최선을 다하면 되는 거지 굳이 목표까지 세워야 하나 싶었다. 회사에서 주어지는 일들을 성실하게 잘하고, 시키는 것만 잘해도 중간은 간다고 생각했다. 하지만 아빠의 생각은 달랐다.

"진실아, 목표가 있어야 네가 가야 하는 방향을 알 수 있단다. 목표 없이 살아갈 수야 있겠지만 네가 어디로 가고 있는지 모른다면 결국, 뒤늦게 너의 인생의 길에서 방황할 수밖에 없어. 네가 주체적인 삶을 살기 위해서는 너만의 목표를 세우는 게 중요해. 회사에서 설정해주는 길, 세상 사람들이 편하다고 말하는 길이 아닌 너의 길을 가야 해. 네 인생은 네 거야. 남들이 말하는 인생에 너를 끼워 넣지 않았으면 좋겠어."

세상 사람들이 말하는 대기업 취업, 의사나 변호사 등 전문직 등의 길이 지금 당장은 부럽고 좋아 보일지 몰라도 아빠는 자신이 진정으로 하고 싶은 일과 좋아하는 일이 아니면 행복할 수 없다고 했다.

'목표를 세운다는 것'은 내가 정말 무엇을 좋아하는지, 어떤 일을 해야 내가 행복할 수 있는지를 생각해보는 중요한 시간을 가지라는 뜻이었다. 회사에서 주어지는 일을 성실히 잘하고, 시키는 것을 잘하는 것도 중요하지만, 결국 시간이 지나면 '나는 누구지? 여기서 나는 뭘 하고 있지? 나는 무슨 일을 하는 사람이지? 난 어떤 사람이지?'라는 정체성에 대한 혼란이 온다고 아빠는 말했다. 남들이 좋다고 하는 길을 가기보다는 스스로 하고 싶은 목표를 세워 그 목표를 향한 방향을 정확하게 알고 걸어가는 것이 나의 삶을 주체적으로 살 수 있다고도 했다.

"아빠는 내 딸이 남들이 정해놓은 길을 가기보다는 스스로 목표를 세우고, 그 목표를 향한 방향을 정확하게 알고 걸어가기를 바란단다. 그러면 너는 남들보다 더 빨리 네가 원하는 행복한 인생을 살게 될 거야."

함께 목표를 세울 때, 더 큰 시너지가 생긴다

2023년 신년 워크숍에서 직원들과 함께 각자의 목표에 대해 이야기하는 시간을 가졌다. 2022년, 아빠가 직원들 앞에서 책을 내보겠다고 선언했을 때 처음에는 말도 안 된다고 생각했던 목표가 진짜로 이뤄지는 것을 보니 직원들과 나도 목표에 대한 생각이 바뀌었다. 아빠가 목표를 세우고 이루어가는 과정을 지켜보았기 때문에 우리도 용기를 얻어 크게 도전해보고 싶었던 걸까? 모두들 과감하고 당당한 목표를 세웠다. 아빠는 직원들에게 수시로 말했다. 꿈은 크게 가져야 한다고. 우리는 자신의 한계를 넘어설 수 있는 목표를 설정해왔다. 그리고 꿈을 꿨다. 우리도 그렇게 할 수 있다고. 직원들의 목표는 정말 각자의 개성에 맞게 반짝반짝 빛나는 목표들이었다.

함께 목표를 나누는 시간은 정말 특별했다. 다른 분들의 목표는 나에게도 큰 도전이 되었다. '우와, 부장님은 저런 목표를 세웠네. 나도 저런 용기를 가져봐야겠다!', '실장님은 꾸준하게 할 수 있는 목표를 세웠구나. 저건 나도 함께해보고 싶다!'라는 생각이 들었다. 목표를 공유한다는 것은 부끄럽고 창피한 일이라고만 생각했는데 오히려 함께 힘을 받고 응원해주고 격려해주며 내 목표를 위해 더 잘해보고 싶다는 자신감을 심어주는 시간이 되었다. 우리는 설정한 목표를 회사 곳곳에 붙여두었다.

오픈마인드 회사를 찾는 손님들께서는 회사 곳곳에 붙어 있는 직원들의 2023년 목표에 굉장히 관심을 가지셨다. 회사를 위한 목표가 아닌 각자의 성장과 발전, 그리고 자기계발의 목표를 회사에서 공유하고 함께 이뤄낼 수 있도록 응원하는 회사의 분위기를 굉장히 흥미로워했다.

"대표님, 회사에서 각자 갖고 있는 이런 목표들을 공유한다는 게 너무 신선해요! 함께 목표를 이뤄갈 수 있도록 돕는 회사 분위기는 도대체 어떻게 만드는 거예요? 너무 부러워요!"

목표를 세우면 아주 조금이라도 성장한다

2023년의 한 해가 정말 빠르게 지나가고, 2024년 신년 워크숍을 맞이했다. 우리는 매일매일 조금씩 성장했다. 2024년 신년 워크숍에서 서로의 2023년 목표를 돌아보았다. 서로가 세운 목표들을 보니 우리는 모두 목표를 향해 조금씩 한 발 내딛고 성장하고 있었다. 물론, 세운 목표들을 전부 다 이루지는 못했다. 하지만 그 목표를 이루고자 조금씩 성장한 자신을 발견할 수 있었다.

일 년에 한 권도 책을 읽지 않던 내가 경제 책 열 권 읽기를 목표로 설정했고, 그해 경제 분야 책 한 권을 읽었다. 누가 보면 '달랑 한 권밖에 안 읽었어?'라며 우스워할 수 있지만, 애초에 일 년에 한 권도 읽지 않을 책을 한 권이나 읽은 것이다. 나는 조금이라도 시도해보려고 했던 내 자신이 대견했다. 예전 같았으면 시도조차 해보지 않았을 것들을 목표로 설정하니 시도하게 되었다.

목표를 세우고 그것을 이루려고 시작했다는 사실이 가장 중요하다는 것을 깨달았다. 일단, 시작하면 거기서 목표를 늘려가는 건 어렵지 않다. 올해 책 한 권을 읽었으니 내년에 두 권을 읽는 게 어렵게 느껴지지 않았다. 목표를 세우니 내가 멈춰 있지 않고 그 목표를 향해 어떻게든 시도해보고 나아가려고 노력했다. 그렇게 나는 아주 조금 성장해 있었다. 이 조그마한 성장이 차곡차곡 쌓여 올 연말에 얼마나 커져 있을지 벌써 기대가 된다. 조금씩이라도 매년 성장하고 있는 나를 보니 스스로에 대한 자신감이 생겼다.

서로의 목표를 향해 함께 달려가는 공동체의 힘

2024년 신년 워크숍을 진행한 지 3개월 정도가 흘렀다. 2024년 신년 워크숍에서 직원들과 나는 새로운 목표를 세웠고 그 목표를 향해 열심히 달려가는 중이다. 우리는 그 목표를 이루기 위해 함께 도전하고 있다. 서로의 목표와 소망을 위해 함께 옆에서 돕고 있다.

2024년 한국에서 개최된 오타니 쇼헤이 선수의 야구 경기를 보는 게 목표였던 소 이사님을 위해 나는 경기장 티켓 예매를 도왔다. 대표님의 목표인 '전 직원 책 쓰기'를 위해 직원들의 책 쓰기를 열심히 도운 신 대리님도 있었다. 혜연 실장님의 웃상 만들기 목표를 위해 혜연 실장님을 만날 때마다 함께 웃상을 위해 노력해보자며 하이 파이브를 해주신 웃상 친구 임 이사님도 있었다.

2024년, 우리의 목표

아빠가 세운 2024년의 목표는 다음과 같다.

전 직원 책 출간
유퀴즈 출연
세바시 강연 출연

아빠가 세운 목표에 사실 반신반의했다. '과연 이게 정말 될까?'라는 의심 반, 그리고 기대 반의 마음을 가지고 있다. 하지만 그동안 말도 안 되는 목표를 세우고 그것을 이루어갔던 아빠를 생각해보니 '가능하겠다'라는 확신이 생겼다. 세상이 말하는 정말 말도 안 되는 이 목표에 우리는

1월부터 계속해서 책 쓰기 모임을 가졌고, 일주일에 3개 이상 원고를 써내고 있다. 어느덧 이 책을 쓰고 있는 시점은 4개월째다. 솔직하게 아직도 반신반의하는 마음이 조금은 있다. 이게 과연 될까? 하지만 우리는 그 상상을 지금 현실로 만들어내고 있다. 벌써 아빠는 책을 다 완성해 출판사에 넘겨 표지까지 나왔다. 그리고 우리 회사 두 명의 직원도 벌써 원고를 완성해 출판사에 넘겼다. 나도 이제 마무리 단계에 들어서고 있다.

버진그룹 창업주인 리처드 브랜슨(Richard Branson)도 말도 안 되는 목표를 현실로 만들어낸 사람 중에 한 명이다. 그는 항공사의 서비스가 마음에 들지 않아 자신의 노트에 무심코 생각난 아이디어를 적었다. '항공사를 만든다.' 그렇게 적은 아이디어를 보고 자신도 말이 안 된다고 생각했는지 피식 웃었지만, 목표 옆에 항공사를 만들 수 있는 방법들을 하나씩 적어보았다. '보잉사를 찾아간다', '임대할 수 있는 비행기가 있는지 알아본다' 등을 적은 그는 진짜 보잉사를 찾아가서 항공기를 임대했다. 그리고 이것이 곧 버진 항공의 시작이 되었다. 리처드 브랜슨은 우스갯소리로 적은 목표를 현실로 만들어냈다. 처음에는 장난 반, 진심 반으로 던진 목표를 가지고 '말도 안 되는 소리 하지 말자'로 넘겨버린 것이 아니라, 어떤 것부터 시작해야 이룰 수 있을까를 고민하며 하나씩 할 수 있는 이유를 만들어간 것이다.

아빠는 말도 안 되는 목표를 이루고자 하나씩 할 수 있는 이유를 만들었다. 그 이유를 하나씩 만들 때마다 될 수 있겠다는 생각이 싹트고 할 수 있겠다는 용기를 얻었다. 그렇게 이유를 만들고 그 이유를 하나하나 실행했더니 이루어질까 반신반의 했던 목표가 어느덧 현실이 되어가고 있다.

과연 올 연말에는 우리 직원들이 책 한 권씩을 출간했을까? 2024년 초에 세웠던 목표를 함께 이뤄낸 모습들을 가지고 직원들과 신나게 이야기하게 될 2025년 워크숍이 벌써부터 기대된다. 그때는 또 얼마나 재미있을까? 서로의 목표를 응원해주며 함께 나아갈 직장 동료들을 생각하니 벌써부터 마음이 벅차다. 그리고 내년 목표를 세우며 도전해나갈 내 자신을 생각하니 설렌다.

원하는 것을 이룰 수 있는
핵심 마인드 '간절함'
정말 하고자 하는 일이 있다면 '간절하게 하라'

여러분, 여러분이 당장 내일 10억 원이 없다면 죽는다고 생각해보세요. 그러면 여러분은 어떻게 하겠어요? 당장은 갑자기 찾아온 죽음에 당황하겠지만, 죽지 않기 위해서 발버둥치지 않을까요? 사는 것이 정말 간절하기 때문에 내가 싫어하는 사람에게도 무릎까지 꿇어서라도 돈을 모으려고 하지 않을까요? 어떻게든 10억 원을 모으는 게 간절하기 때문에 그동안 내가 내려놓지 못했던 모든 자존심은 버리고 어떻게든 간절하게 지인들을 붙잡으며 부탁하고 설득하려고 하지 않을까요?

아빠는 교육 때 이런 비유를 많이 사용한다. 아빠는 항상 나에게도 "간절하게 원하면 이루어지지 않는 게 없어"라는 말을 자주 했다. 나는 다른 사람들에 비해 이해가 느린 편이다. 그리고 기억력도 좋지 못해서 메모해놓지 않으면 금세 까먹는다. 남들이 1시간 공부해서 100점을 맞는다면 나는 남들의 5배는 공부해야 100점을 맞는다. 학창시절 친구들한테 수도 없이 들어왔던 말이 있다.

"내가 너만큼 공부했으면 서울대 갔어."

그리고 부모님들 사이의 대화에서도 이런 이야기를 들었다.

"너희 딸은 노력 많이 해야 되잖아. 우리 아들은 똑똑해서 조금만 해도 금방 하는걸."

이때부터 나한테 노력한다는 건 창피한 일이었다. 남들보다 이해 능력이 뒤처지니 남들보다 더 많이 노력해야 했기 때문에 난 항상 좌절했고 속상했다. 남들보다 더 부족하기 때문에 더 열심히 해야 한다는 걸 알았고 남들보다 10배 이상 노력했다. 고등학교 기숙사에서도 가장 늦게까지 공부했고, 아침에 인터넷 강의를 하나라도 더 보고 단어라도 하나 더 외우려고 남들보다 더 일찍 일어나 열심히 공부했다. 대학생 때도 24시간 하는 도서관에 매일같이 살았다. 간절했다. 잘하지 못해서 간절했다. 남들이 하는 만큼이라도 따라가는 것이 너무나 간절했기 때문에 더 열심히 달렸다. 내가 이 상황에서 할 수 있는 건 더 노력하는 것밖에 없다고 생각했다. 그리고 그건 내가 그 상황에서 유일하게 할 수 있는 것이었다.

대학생 때였다. 목사님과 성경 공부를 하던 중 내가 질문을 드렸다.

"남들은 이런 저런 달란트를 가지고 있는데 하나님께서 저에게 주신 특별한 달란트는 없는 것 같아요. 특출나게 예체능 쪽 재능이 있는 것도 아니고, 공부도 잘 못해서 그저 열심히 하는 것밖에 할 수 있는 게 없더라고요. 도대체 저의 달란트는 무엇일까요?"

목사님께서 말씀하셨다.

"그게 너의 달란트야, 노력하는 것."

나는 솔직히 황당했다. 남들은 악기를 잘 다루는 것, 잘 외우는 것, 좋은 신체 능력 등을 달란트로 받는데 나는 노력하는 게 달란트라니…. 남들보다 부족하기 때문에 노력하는 건데 그게 왜 달란트라는거지? 그것도 재능이라고 할 수 있는 건가? 혼란스러웠다.

그런데 몇 해가 지나고 조금 더 컸을 때 이해했다. 그게 왜 내 달란트인지 말이다. 대학을 졸업하고 사회생활을 막 시작할 무렵 깨달은 것이 하나 있다. 쉽게 얻은 사람은 그만큼 간절하지 않고 노력하지 않는다는 것이다. 나보다 똑똑한 사람들은 대부분 나처럼 공부를 많이 하는 경우가 없다. 물론 그 사람들이 열심히 공부하면 나는 그들을 따라잡지 못할 것이다. 하지만 생각보다 내 주변의 머리 좋은 사람들 대다수는 많이 노력하지 않았다. 간절하지 않기 때문일 것이다.

지금까지 나는 '노력하는 것'이 대단한 능력이라고 생각하지 않았다. 노력이란 건 많은 시간과 정성을 쏟아야 하기 것이기 때문에 비효율적이고 낭비라고 생각했기 때문이다. 하지만 그건 오히려 장점이었다. 내가 더 열심히 할 수 있는 발판을 만들어주었고 포기하지 않는 끈기와 열정, 그리고 간절함을 심어주었기 때문이다.

나는 부족하기 때문에 더 간절했고 더 노력했다. 덕분에 매번 도전하는 것들에서 좋은 결과를 얻었다. 성적은 상위권을 계속 유지했고, 각종 대회와 대외 활동에서 여러 상도 받았다. 내 결과만 본 사람들은 내가 똑똑해서 그런 거라고 말한다. 하지만 나는 안다. 나는 똑똑하지 않다. 다만, 미친 듯이 노력할 뿐이다. 다른 사람들보다 훨씬 간절함을 가지고 노력한다.

오늘도 나의 부족한 부분을 수없이 마주한다. 그리고 오늘도 최선을 다해 나의 부족함을 채워 넣으려고 노력한다. 이 간절함과 노력은 매일매일 나를 더 나은 사람으로 만들어갈 것이라고 굳게 믿는다.

반드시 실패하라

실패는 하나의 단계, 그 안에서 오는 성공은 보너스!

퇴근 후 들어오는 아빠의 표정이 밝았다.

"아싸, 오늘도 한 건 했다."

아빠는 매일 같이 퇴근 후, 집에 들어오면 이 말을 자주 했다. 아빠가 평소보다 늦게 들어 온 어느날, 나는 신나게 반기며 현관으로 뛰어나갔다. 아빠 품에 안기며 물었다.

"아빠! 오늘도 한 건 했어?"

그런데 아빠의 표정이 시무룩했다. 시무룩한 표정을 보니 '오늘은 한 건도 못 했구나. 힘든 하루였구나' 하는 생각에 아빠를 위로해주려고 했다. 그런데 아빠가 힘 빠진 목소리로

"아니, 오늘은 두 건 했지" 하며 속상한 모습이었다. 계약을 두 건이나 성사하고 왔는데 왜 아빠는 시무룩한 표정을 짓고 있지? 궁금증이 마구 생겼다. 아빠는 이런 내 반응을 알았는지, 싱긋 웃으며 "일단 씻고 올게"

라는 말을 던지고 사라졌다.

가족들이 거실에 모여 오순도순 과일을 먹었다. 과일 킬러인 아빠는 꿀이 가득 차 있는 사과를 우리를 위해 깎아주셨고, 사과를 아삭아삭 씹어 먹으며 오늘 일과에 대한 이야기를 들었다. 아빠는 그날도 새로운 가게를 찾아 나섰다. 아무런 연고가 없는 가게에 들어가 사장님께 힘차게 인사를 드렸다.

"사장님, 안녕하세요. 제가 사장님께 꼭 좀 소개해드리고 싶은 좋은 보험 상품이 있는데 한번 들어봐주시겠어요? 마음에 안 드시면 거절하셔도 됩니다. 거절하셔도 전 기쁘게 떠날 수 있습니다. 너무 부담 갖지 마시고 한번 들어보시겠어요?"

그런 말을 들은 사장님들은 궁금증이 생겨 설명해보라고 승낙해주셨다. 아빠는 기회를 얻으면 최선을 다해 보험 상품을 소개했다. 그렇게 설명이 끝나면 대부분의 답변은 무엇이었을까? "나는 아직 필요 없는 것 같아요. 괜찮습니다"와 같은 거절이었다. 거절을 당하면 속상할 법도 한데 아빠는 달랐다. "괜찮습니다, 사장님! 아직 필요하지 않으신 거면 나중에 필요할 때 연락해주세요! 감사합니다!"라고 우렁찬 목소리로 감사 인사를 전하고 아빠는 기쁜 마음으로 가게를 나왔다. 그러고는 속으로 생각했다. '아싸, 또 한 개 거절당했다. 감사합니다, 사장님. 사장님 덕분에 일찍 퇴근할 수 있을 것 같아요. 정말 감사합니다!'

나는 물었다.

"아빠, 아빠는 왜 거절을 당했는데 고마워 해?"

뭔가 이상했다. 어린 나의 경험으로도 거절은 상처였기 때문이다. 초등학교 1학년 때, 학교 내 바자회에서 상인으로 참여했던 경험이 있다. 내 상품이 진열되어 있는 돗자리를 지나가는 친구들에게 내가 파는 물건들이 예쁘다고 소개하면서, 친구들이 살 수 있도록 최선을 다해 홍보했다. 하지만 거절을 당하면 괜히 마음에 화살이 꽂히듯 속상한 기분이 들었다. 나의 노력이 부정당한 기분이었기 때문이다. 그런데 '아빠는 거절을 당했는데 왜 더 즐거워 보이는 거지?'라는 의문이 들었다. 아빠는 싱긋 웃으며 이야기해주었다.

아빠는 하루의 목표를 열 번 거절당하기로 설정했다고 했다. 오늘 하루 열 군데 가게에 들러서 열심히 설명하고, 열 번의 거절을 받아야 퇴근할 수 있도록 아빠의 하루 목표를 설정해놓은 것이다. '거절당하기'를 목표로 했기 때문에 보험 계약을 거절당해도 두렵지 않았다. 오히려 이 목표를 가지고 있다 보니 거절을 당한 후에도 다른 새로운 가게를 두들겨볼 수 있는 용기가 더 생겼다고 했다. 남들은 계약을 따내는 것이 목표라면 아빠는 계약 거절을 받는 것이 목표였기 때문에 오히려 그 편이 퇴근을 빨리 할 수 있어 거절당하더라도 기쁘게 받아들일 수 있었다고 한다.

오늘 아빠가 늦게 퇴근한 이유는 계약이 계속 성공했기 때문이라고 했다. 계약을 연속으로 성공한 아빠는 '아, 오늘 일찍 퇴근해야 하는데, 열 번 거절을 채워야 하는데, 얼른 빨리 거절 받으러 가야겠다!'라고 마음먹었다고 했다. 하지만 연속된 성공으로 인해 거절을 열 번 받는 게 더 어려워졌고 그날은 거절받는 목표를 달성하지 못했다는 것이었다.

아빠는 '거절'이라는 것은 나를 향한 거절이 아니고 어떤 제안이나 제

품에 대한 거절일 뿐이기 때문에 상처받지 말라는 말을 해주었다. 그래서 아빠는 거절을 두려워하지 않았고, 다른 말로 하면 실패를 두려워하지 않았다. 오히려 실패를 목표로 했다. 그리고 이 마인드로 영업했던 아빠의 수익은 10여 년 전임에도 한 달에 1,000만 원이 넘었다.

어릴 때 가족과 함께 자주 인라인스케이트를 타러 다녔다. 처음 배울 때, 넘어지는 게 두려워 나는 계속 앉아 있었다. 아빠는 그런 나를 계속해서 일으켜 세웠고 처음에 손을 잡고 같이 가는 듯하다가 금방 손을 놓아 버려서 계속 넘어지게 햇다. 계속해서 넘어지다 보니, 넘어지는 순간마다 어떻게 하면 중심을 잡고 잘 일어날 수 있는지 조금씩 감각을 찾을 수 있었다. 그렇게 몇 백 번은 넘어져보니 어느새 스스로 중심을 잡고 설 수 있었고, 앞으로 나아갈 수 있게 되었다. 아빠는 나에게 계속해서 실패를 경험하게 했다. 그리고 실패를 통해 나를 더욱 더 강하게 단련시켰다. 어느새 나는 실패를 두려워하지 않게 되었고, 오히려 실패를 나의 성장에 있어 필요한 필수적인 동력이라고 생각하게 되었다.

실패에 대한 아빠의 가르침을 통해 나는 초등학생 때부터 실패를 두려워하지 않는 자세를 가졌다. 초등학교 5학년 때 전학을 가게 되었다. 사실 그전까지 공부에 크게 흥미를 느끼지 못했고 매번 수학 문제를 틀리는 게 많아 엄마한테 혼도 많이 나서 공부가 너무 싫었다. 나에 대한 자신감이 없었고 공부에 대한 의지마저 사라져갔다.

하지만 새로 전학 간 학교에서 매번 중간고사 전에 쪽지 시험을 자주 봤는데, 거절과 실패를 두려워하지 않는 아빠의 모습을 떠올리며 틀리는 것에 대해 기쁘게 생각했다. 내가 지금 틀려야 잘 이해하지 못했던 부분을 인지할 수 있고, 더 큰 시험인 중간고사 때 내가 실수했던 부분들을 보완해갈 수 있다고 생각했다. 하루는 같은 반 친구가 내 책상을 지나치다가 쪽지 시험 결과를 보고 놀렸다. 점수가 형편없었기 때문이다.

"대박, 김진실 점수 좀 봐."

반 아이들이 다 들을 정도로 쪽지 시험 결과를 크게 떠벌렸다. 처음에는 얼굴이 빨개졌지만 그런 친구의 말에 좌절하지 않았다. 오히려 당당했다. 속으로 "나는 지금 이 과정을 바탕으로 기말고사 때 더 멋진 결과를 얻을 거라고! 지금 이렇게 비웃음 당해도 나는 오히려 실수를 인지했기 때문에 너무 좋아. 더 틀리고 싶어! 두고 봐. 진정한 승자는 누구일지!"

기말고사가 다가왔고 결과 발표 날이었다. 나는 모든 과목에서 서너 개밖에 틀리지 않았고 당당히 반에서 높은 석차를 차지했다. 비웃었던 그 친구와는 월등히 차이 나는 점수였다. 반드시 실패해야, 넘어져 봐야 다시 일어서는 법도 깨닫게 된다. 유도를 처음 배울 때 가장 먼저 배우는 것이 낙법이다. 잘 떨어지는 법을 배워야 몸의 충격을 흡수하고 더 큰 부상을 방지할 수 있다. 또한 잘 떨어지는 방법을 통해 빠르게 일어나고 다시 공격할 수 있는 법을 배울 수 있다. 즉, 우리는 넘어지고 실패해봐야 더 큰 실패에 대응할 수 있고, 더 크게 무너지지 않을 수 있다는 것이다. 또, 그 실패를 통해서 더 큰 성공을 맞이할 준비도 할 수 있다.

실패를 두려워하지 않는 것, 그리고 실패를 실패라고 생각하지 않는 역발상, 나는 아빠의 모습을 통해 실패는 두려워 할 대상이 아니라는 것을 깨달았다. 그리고 그 실패를 어떻게 받아들이냐에 따라 결과를 완전히 뒤바꿀 수 있음도 알게 되었다. 나에게 실패란 다음을 향해 달려가는 발판, 과정, 그리고 그저 수많은 단계일 뿐이다. 결코 최종 결과물이라고 생각하지 않는다. 오히려 실패를 목표로 열심히 달렸더니 성공은 덤으로 오는 보너스였다.

나의 키워드를 찾아라

나만의 키워드로 원하는 나의 모습을 표현하자

한국을 빛낸 100명의 위인들

어렸을 때, 대부분의 사람들은 한 번쯤 이 노래를 들어봤을 것이다.

아름다운 이 땅에 금수강산에 단군 할아버지가 터 잡으시고

홍익인간 뜻으로 나라 세우니 대대손손 훌륭한 인물도 많아.

고구려 세운 동명왕, 백제 온조왕, 알에서 나온 혁거세,

만주 벌판 달려라 광개토대왕, 신라 장군 이사부,

백결선생 떡 방아, 삼천 궁녀 의자왕,

황산벌의 계백, 맞서 싸운 관창, 역사는 흐른다(생략).

삼천궁녀를 생각하면 바로 떠오르는 것이 의자왕이다. 바다의 왕자를

생각하면 장보고가 떠오른다. 역사적 인물들을 떠올리면 역사적 사건이나 그 인물의 성격, 모습이 떠오르기 마련이다. 우리는 하나의 키워드로 인물들을 정의 내릴 수 있고, 그 키워드로 그 인물의 이미지를 떠올리게 된다. 의자왕을 떠올리면 바로 삼천궁녀를 거느렸던 것이 기억나고, 그것이 의자왕의 이미지가 되어버린다.

우리 주위 사람들을 볼 때도 각각의 사람들을 하나의 키워드로 소개할 수 있다. "그 사람은 어떤 사람이야?"라는 질문에 짧은 답변을 하려고 하면, 한 단어로 그 사람을 정의하게 된다. "그 사람은 똑 부러지는 사람이야", "그 사람은 거짓말을 많이 하는 사람이야", "그 사람은 착한 사람이야", "그 사람은 에너지가 넘치는 사람이야" 등등. 당신의 주변 사람들이 당신에 대해 이야기할 때, 어떤 키워드 혹은 어떤 문장으로 이야기할까? 자신만의 고유한 키워드를 갖고 있는가? 그 키워드로 삶을 살아가고 있는가?

지치지 않는 남자, 김양구

아빠를 생각하면 떠오르는 키워드는 '지치지 않는 남자'다. 어렸을 때부터 나는 아빠의 이 별명을 당연하다는 듯이 듣고 지냈다. 아빠와 함께 교회에 가면 모든 분들이 아빠를 보고 "좋은 아침입니다, 지치지 않는 남자!", "안녕하세요. 지치지 않는 남자, 김양구 장로님"이라고 인사하셨다. 교회에서 마주치는 많은 분들이 아빠를 '지치지 않는 남자'로 부르는 것을 보면서 어떻게 하다 그 별명이 생겼는지 궁금해 물어보았다.

아빠가 한창 사업을 했을 때의 일이다. 아빠는 이곳저곳 강연을 많이 다녔고, 강연 때마다 많은 꽃다발을 받으셨다. 그 당시, 한창 TV 광고에 '꽃을 든 남자'라는 화장품 CF 광고가 유행했는데 아빠는 "꽃을~ 든 남자~"라는 광고의 노래를 흥얼거리며 한아름 꽃다발을 들고 집에 들어오셨다. 아빠는 '꽃을 든 남자'라는 타이틀이 마음에 들어, 강연에서도 자신을 소개할 때마다 "안녕하세요. 꽃을 든 남자, 김양구입니다"라고 자기를 소개했다.

아빠는 부진이 계속되자 사업을 접은 후 보험을 시작했다. 아빠는 '말한 대로 행동한다'라는 생각을 항상 지니고 일했다. 그래서 '다른 사람들은 지쳐도 나는 어떤 일이든 열정적으로 해낼 거야. 지치지 않겠다!'라는 포부를 가지고 자신을 '꽃을 든 남자'라고 소개했던 것을 떠올리며 '지치지 않는 남자'로 자신의 타이틀을 만들었다. 보험을 시작할 때, '지치지 않는 남자'라는 타이틀을 항상 기억하며 열정적으로 이곳저곳 열심히 뛰어다녔다.

아빠는 공식적인 자리에 나갈 때마다 자신을 "안녕하세요. 지치지 않는 남자, 김양구입니다"라고 소개했다. 교회에서도 레크리에이션 강사로 많은 활약을 했는데, 그때마다 자신을 '지치지 않는 남자'로 소개했고, 모든 사람에게 '지치지 않는 남자'로 기억되었다. 아빠는 말만 '지치지 않는 남자'가 아니었다. 계속 키워드를 자신에게 상기시키며, 사람들에게 지치지 않는 모습을 보여주기 위해 더욱 노력했고 모든 일에 열정을 가지고 일했다.

아빠가 한창 축구에 빠져 있을 때가 있었다. 토요일과 일요일을 가리지 않고 교회 축구팀과 함께 매주 축구를 했는데, 경기 45분 내내 쉬지 않고 뛰어다녔다. 그런 아빠를 보고 함께 운동하는 집사님들이 '지치지 않는 남자'라는 타이틀을 인정하셨고, 그것이 아빠의 인상으로 깊게 박혔다. 이렇게 박혀버린 인상은 무슨 일을 하든 지치지 않게 열정적으로 한다는 이미지를 심어주었고, 그것은 곧 아빠에 대한 사람들의 신뢰로 이어졌다. 지금도 아빠의 타이틀을 아시는 분들은 인사하실 때 '지치지 않는 남자 김양구 장로님, 안녕하십니까!'라고 꼭 별명을 불러주시며 인사하신다.

자신만의 키워드를 찾고 인생이 달라진 200만 유튜버, 에번 카마이클

에번 카마이클(Evan Carmichael)은 구독자 200만 명 이상을 보유한 미국의 유명한 유튜버이자 '에번 카마이클 닷컴'을 운영하는 사업가다. 그는 열아홉 살 때 생명공학 소프트웨어 회사를 세웠다. 10만 달러의 연봉을 거절하고 창업으로 성공해보고자 했지만 결국 회사를 매각하게 되었고, 한 달에 고작 300달러를 벌면서 버텨야 했다. 그 과정에서 많은 좌절에 빠지기도 했는데 자신만의 키워드 'believe(믿음, 신뢰)'가 좌절에서 빠져나올 수 있게 해준 원동력이 되었다.

항상 '믿음'을 중요하게 여겼던 그는 주변에 함께하는 사람들이 자기와 믿음으로 연결되어 있음을 깨달았다. 그는 '믿음'을 자신의 키워드로 정했고, 그 키워드로 사업의 방향과 꿈의 방향을 재설정했다. 사람들에게 '믿음'을 전해주고, 또 사람들로부터 '믿음'을 얻게 되면서 사업이 회복되고 성장되었다. 그는 미항공우주국(NASA), 존슨앤드존슨을 비롯한 대기업들과 계약을 맺었고, 전 세계 30여 개국에서 많은 고객을 확보했다. 현재 그는 자신과 같은 처지의 창업자들이 7억 원에서 21억 원 정도의 자금을 유치할 수 있도록 돕고 있으며, 10억 명의 창업자들의 멘토 역할, 크리에이터, 강연, 저술 활동을 왕성하게 펼치고 있는 중이다.

내 키워드는 무엇인가?

취업 면접 중 단골 질문 중 하나는 '당신을 한 단어로 표현한다면 어떤 단어로 표현하시겠습니까?'이다. 나를 한 단어로 표현할 수 있는가? 나만의 키워드가 있는가? 요즘 아이들에게 장래 희망을 물어보면 남들이 일반적으로 좋아하는 직업을 이야기한다. 아이들뿐만 아니라 어른들도 대개 자신이 좋아하는 직업이나 일이 아닌 남들이 선망하는 직업이나 일을 따라가기에 바쁘다. 그러다 보니 자신만의 정체성을 찾지 못하고 헤매는 사람들이 많다. 남들이 말하는 성공 방정식을 따라가기에 급급하다 보니, 어느새 자신을 놓치고 있다. 내가 누구인지, 내가 어떤 사람인지, 내가 무엇을 좋아하는지 등 자신에 대해 알지 못하고 나를 돌아보지 못하며 남들에게만 시선이 맞춰져 있다.

나를 재발견해야 한다. 내 인생의 주체는 바로 나다. 나는 어떤 사람인가? 내가 좋아하는 것은 무엇인가? 나는 무엇을 할 때 가장 빛나 보이는가? 나는 어떤 모습을 추구하는가? 자신을 표현할 수 있는 단어를 만들어보자. 나를 돌아보고 내가 어떤 사람이 되고 싶어 하는지 생각해보며 내가 먼저 나를 정의해보자. 남들이 나를 정의하기보다 내가 먼저 나를 하나의 키워드로 설정하고, 그 키워드로 나 자신을 소개하고, 그 키워드로 살아가려고 노력한다면 어느새 그 키워드 자체의 사람이 되어 있을 것이다.

위대한 사람들은 모두 한 단어로 설명이 가능하다. 마틴 루서 킹(Martin Luther King)은 '평등', 오프라 윈프리(Oprah Gail Winfrey)는 '마음', 스티브 잡스(Steve Jobs)는 '혁신'이라는 키워드로 대변되듯이, 남들과 똑같은 인생의 쳇바퀴에서 벗어나 정말로 영향력 있는 사람이 되기를 원한다면 내가 추구하고자 하는 강력한 소망이 담긴 자신만의 키워드부터 찾아야 한다. 나를 표현할 키워드는 무엇인가?

본질에 목숨을 걸어라

남들의 시선에서 벗어나 하고자 하는 것의 본질을 꿰뚫어라

대학교 4학년이 되고 새학기에 들어섰을 때였다. 아빠가 물었다.

"진실아, 너는 졸업 후에 무엇을 하고 싶니?"

그 당시 우리 학과에서는 회계사 준비가 열풍이었다. 내 주변 사람들 중 공부 좀 한다는 사람들은 회계사를 준비하고 있었고, 나도 전문직이라는 타이틀을 가지고 있으면 좀 더 자신감이 생길 것 같았고, 또 돈을 잘 벌 수 있을 것이라고 생각했다. 또 한편으로는 남들이 하기 때문에 나도 그 흐름에 따라가지 않으면 뒤처진다고 생각했고, 그들과 비슷한 것을 목표로 해야 인정받을 것 같았다. 하지만 막상 회계사 공부를 시작하려니 막막했다. '이걸 정말 시작해도 되는 걸까?'라는 생각과 함께 '내가 미래에 회계사가 된다면 기쁘게 일할 수 있을까?'라는 고민이 앞섰다. 막막하다는 생각이 드는 이유를 생각해보니 바로 꿈의 본질을 놓쳤기 때문이었다. '내가 정말로 하고 싶은 것'이라는 테마에서 본질을 찾지 못하고 그저 남들의 시선에 맞춰진 꿈을 생각했기 때문에 막막할 수 밖에 없었던 것이다.

내 꿈의 본질 찾기, Step1. 너 자신을 알라

어느 날 아빠는 한 통의 전화를 받았다. 우리 교회 신혼부부 언니, 오빠였는데, 갑자기 집에 빨간 압류딱지가 붙었다는 충격적인 소식을 전해 들었다. 전세 사기였다. 이제 막 차곡차곡 열심히 돈을 모아 새로운 식구인 아기와 함께 살 집을 전세로 계약해 이사했는데, 갑자기 집에 빨간 압류딱지가 붙다니! 정말 청천벽력 같은 소식이었다. 부동산의 '부'자도 모르는 사회 초년생 신혼부부는 그 상황에서 어떻게 해야 할지 아무것도 몰랐기 때문에 아빠에게 도움을 받고 싶어 연락해온 것이다. 아빠는 법무사 사무장님에게 연락해 등기부등본을 확인해 어떤 상황인지, 할 수 있는 조치는 무엇이 있는지 구체적으로 알아본 뒤 신혼부부 언니, 오빠에게 여러 조언을 해주었다.

나는 그 상황에서 언니, 오빠를 위해 내가 도울 수 있는 일이 아무것도 없다는 사실에 마음이 아팠다. 이때부터였다. 마음이 너무 뜨거워졌고, 남에게 도움을 줄 수 있는 일을 하고 싶다는 생각이 들었다. 내가 열심히 부동산 공부를 해서 내가 알고 있는 지식으로 부동산에 대해 전혀 모르는 청년들과 사회 초년생들에게 도움을 주고 싶다는 생각이 강하게 들기 시작한 것이다. 남들을 좇아서 결정한 것이 아닌, 또 남들에게 인정받기 위해서 결정한 꿈이 아닌, 앞으로 내가 정말 하고 싶은 것, 즉 내가 배운 지식으로 남들을 도울 수 있는 것이 내 꿈의 본질임을 발견한 것이다.

내 꿈의 본질 찾기, Step2. 그 본질에 뜨겁게 집중하라

내가 정말 하고자 하는 꿈의 본질이 무엇인지 찾았다면 그것을 향해 뜨겁게 목숨을 걸고 달려가야 한다. 대부분의 사람들은 보여지는 것에 최선을 다한다. 많은 사람들이 가장 중요한 본질에 집중해야 할 때, 보여지는 것에 더 신경 쓰고 남들과 비교하며 쓸 데 없는 것에 에너지를 분산시킨다. 가수가 노래에 집중하지 않고 외모에 집중한다면 노래 실력은 점점 떨어지고, 더 이상 가수가 아닌 그저 외모가 예쁜 평범한 사람에 불과하게 된다. 오히려 다른 것에 집중하다 보니 자신의 본질적인 정체성은 잃어버리는 것이다.

내가 찾은 꿈에 대한 목표와 본질은 내가 배운 지식으로 주변에 있는 청년들과 부동산으로 인해 피해를 겪고 있는 사람들에게 도움이 되는 정보를 알려주고, 돕는 것이다. 나는 최선을 다해 공부할 것이고 정확하게 알기 위해 배움에 뜨겁게 집중할 것이다. 꿈을 향해 달려가는 과정에서 나를 알고, 또 내가 하고자 하는 것에서 본질을 찾을 수 있다면 다른 곳으로 새어 나가는 에너지를 막을 수 있을 것이다. 정확하게 본질에 집중하다 보면 그 누구보다 빠르게 앞서가고 있는 나를 발견할 수 있을 것이다. 당신의 본질은 무엇인가?

아빠의 이야기

진실아, 꿈을 심어주는 리더가 되렴

진실아, 꿈을 심어주는 리더가 되거라

아빠와 거래를 하는 최 세무사님께서 아빠에게 질문하셨다.

"대표님, 저는 대표님이 너무 부럽습니다. 대표님 회사 직원들을 보면 정말 행복해 보여요. 직원들이 지금 하고 있는 일에 대해서 굉장히 만족해하고 열정이 넘치는 것 같아요. 또, 일에 대해 자부심을 갖고 있다는 것이 다른 사람들에게까지 보여요. 어떻게 직원들이 그런 마음을 가질 수 있는 거죠?"

아빠와 거래하는 최 세무사님은 국세청에서 몇 십 년 근무하셨고, 다양한 경력과 경험뿐만 아니라 어떤 문제든 해결할 수 있는 실력까지 있는 분이다. 뿐만 아니라 선하고 정직한 마음까지 지니신 완벽한 분이다.

최 세무사님은 이번에 새로 사무실을 개업했다. 최 세무사님께서는 직원들이 편안하게 일할 수 있도록 개인별로 필요한 용품도 모두 구매해주셨고, 공용 냉난방기 외에도 개인별 냉난방 기구를 다 구매하셨다. 또 직원들이 일하면서 편하게 먹을 수 있는 간식도 구비해두셨고, 편안하게 식사할 수 있도록 법인카드도 눈치보지 않게 자유롭게 쓸 수 있게 해주셨다. 하지만 아무리 복지가 좋아도 직원들 스스로 일하면서 행복해하는 모습과 자부심을 느끼는 모습을 보는 것은 쉽지 않았다. 그런데 아빠 회사의 직원들은 일하는 것을 즐기고 있고, 그 일을 통해 직원들 스스로가 행복하다고 이야기하니 어떻게 직원들이 저런 마인드를 가질 수 있는지 궁금해 하셨다. 아빠는 빙그레 웃으며 대답했다.

"저는 직원들에게 당근이 아닌, 꿈을 줍니다. 충분한 월급과 복지 같은 당근은 정말 좋은 보상이기는 하죠. 하지만 당근을 주지 않을 때는 직원들이 스스로 행복하게 일하게 만들기는 어렵습니다. 하지만, 꿈을 주게 되면 당근을 주지 않아도 꿈이 있는 한 포기하지 않아요. 우리 회사 직원들은 자신들이 이루고자 하는 꿈이 있기 때문에 계속해서 달려갈 수 있는 것 같아요. 지금 하고 있는 일이 자신의 꿈을 향해 가는 길이기 때문에 행복을 느끼고 열정과 자부심을 갖고 달려가죠."

우리 회사는 출근 시간이 정해져 있지 않다. 9시가 암묵적인 출근 시간이지만, 대개 직원들은 8시에 출근한다. 왜 정식 출근 시간보다 한 시간이나 일찍 출근할까? 바로 아침 다과시간 때문이다. 아빠와 직원들은 8시에 함께 모여 편안하게 여유를 갖고 다과 시간을 가진다. 그런데 그 시간은 단순히 다과를 먹고 차를 마시는 시간이 아니다. 그 시간에 아빠는 직원들에게 꿈을 심어준다. 매일매일 다른 주제로 도전, 열정, 긍정적인 마음가짐 등 항상 직원들에게 동기부여가 되는 이야기를 나눈다. 우리가 어떻게 살아야 하는지, 지금 하고 있는 일을 통해 어떤 꿈을 꿀 수 있는지 등 각자 자신들의 꿈을 꾸고, 그 꿈을 향해 달릴 수 있도록 계속해서 격려와 동기부여를 하는 시간을 가진다. 아빠는 항상 이렇게 말한다.

"여러분은 내 밑에 종속된 사람이 아니야. 그냥 사원에서 끝나는 것이 아니라 법인의 대표가 되어 내가 가진 기술들을 모조리 익히고, 각자가 목표로 하는 것들을 이뤄가면서 사업을 만들어가기를 바라네."

직원들에게 그 시간은 오늘 하루를 살아가는 데 큰 힘을 얻는 힐링의 시간이다. 그래서 다들 그 시간을 놓치지 않으려고 한다. 아빠는 이야기 속에서 직원들에게 계속 동기부여와 꿈을 심어주려고 노력한다. 아침에 나누는 잠깐의 이야기를 통해 직원들은 매일 힘을 얻는다. 그 이야기는 우리의 매일을 변화시키는 이야기다. 우리가 각자의 꿈을 향해 달려갈 수 있도록 응원해주는 이야기다. 지금 하고 있는 일이 자신의 꿈과 연결되어 있음을 알기에 직원들은 일을 멈추지 않는다. 그리고 열정을 갖고 달려간다. 아빠는 직원들에게 꿈을 심어줄 뿐만 아니라 그 꿈을 누구보다 뒤에서 든든하게 뒷받침해주려고 한다. 아빠는 나에게 리더십이란 '내가 강요해서 만들어지는 것이 아니고, 사람들이 나를 따르기를 강요하고 기대하는 것이 아닌 리더 스스로가 그렇게 살아가면서 자연스럽게 보여지는 것'이라고 하셨다.

아빠는 《인듀어런스》라는 책에 등장하는 섀클턴 선장의 리더십을 닮아야 한다고 이야기한다. 《인듀어런스》는 탐험가 어니스트 섀클턴 선장과 27명의 선원이 얼음 산에 갇혔다가 4개월 만에 구조되는 이야기를 담은 책이다. 섀클턴 선장은 자기에게 배정된 식량을 죽어가는 부하 대원이 먹지 않겠다고 해도 억지로 입을 벌려서 구겨 넣어 부하대원이 그걸 먹고 살 수 있게 만드는 것이 리더십이라고 했다. 부하 대원은 그런 선장의 리더십을 평생 기억하며 죽을 때까지 그를 따랐다고 한다. 리더십은 그렇게 보여지는 것, 그리고 그렇게 살아야 하는 것이라고 아빠는 말했다. 직원들을 든든하게 뒷받침하는 리더의 모습을 보여주고 대표에 대한 신뢰를 가질 수 있도록 사소한 것부터 중요한 일까지 자신이 솔선수범하며 먼저 나서서 행동하고 보여주어야 한다고 말이다.

아빠는 직원들이 꿈을 향해 달려갈 수 있도록 그 누구보다 뒤에서 든든하게 뒷받침해주었고, 직원들이 자신을 완전히 믿을 수 있도록 직접 발 벗고 행동해왔다. 그래서 직원들은 아빠가 항상 뒤에 있다는 사실을 기억하며, 걱정과 불안을 내려놓고 자신의 일에 집중할 수 있다.

아빠는 흙수저에서 300억 원의 자산을 보유한 부자가 되기까지 정말 많은 역경을 겪어왔다. 그리고 이 책은 아빠가 그러한 역경을 어떤 마인드를 가지고 이겨냈는지 가장 가까이에서 지켜본 사람의 입장에서 담은 하나의 기록이다. 아빠의 이야기가 가진 게 아무것도 없다고 한탄하거나 삶에 대한 의지가 부족한 사람들에게 '나도 할 수 있다. 충분히 가능하다!'라는 꿈과 희망을 줄 수 있기를 바란다.

흙수저였던 아빠는 이제 다른 사람들에게 꿈을 심어주는 리더가 되었다. 작고 보잘 것 없는 스토리라고 생각할지도 모르지만, 여러분의 인생 스토리도 누군가에게는 꿈과 희망을 줄 수 있다. 그러니 멈추지 말고 도전하자! 간절하게 원하자! 그리고 나의 한계를 깨뜨리기 위해 노력하자!

에필로그

부자 아빠의 성공 DNA의 핵심은 '마인드'에 있다

아빠가 부자가 될 수 있었던 핵심은 '마인드'에 있다. 모든 일은 어떤 마음을 가지고 임하느냐에 따라 그 일의 결과가 좌지우지될 수 있다. 할 수 있다는 마음을 가지면 어떻게든 될 수 있는 방법을 찾아 가능하게 만든다.

반면, 할 수 없다는 마음을 가지면 내 마음이 옳다고 합리화하기 위해 여러 가지 핑계를 대기 시작한다. 나 또한 아빠의 일터에 뛰어들어가기 전까지만 해도 굉장히 보수적이고 마음이 닫혀 있는 사람이었다. 이 책에서도 이야기했듯이 아빠가 도전하는 모든 일에 '그게 가능해?'라는 생각을 지닌 채 멀리서 지켜만 보는 사람이었다. 나는 할 수 없다고 말한 내 말을 증명이라도 하고 싶었는지 오히려 아빠의 도전이 실패로 끝나기를 바랐던 것 같다. 마음이 닫혀 있으면 모든 일을 부정적으로 바라보고 또, 실패하기만을 바란다. 즉, 할 수 없다는 마음으로는 그 어떤 성공도 이루어낼 수 없다.

　마음이 열려 있어야 이 모든 깨달음과 배움을 받아들일 수 있다. 아빠가 성공 마인드를 가지고 목표로 하는 것을 하나하나 이뤄내는 과정을 지켜보면서 어떤 마인드를 가지고 인생을 살아가느냐가 중요하다는 것을 알게 되었고, 아빠의 성공 마인드를 많은 사람들과 나누고 싶었다. 그래서 이 책을 집필하게 되었다.

　그래서 아빠의 마인드를 배운 나는 어떻게 자라고 있는지 궁금한가?
　끊임 없이 아빠의 성공마인드를 옆에서 보고 배운 나는 지금,

　각종 회계 자격증과 공인중개사 자격증을 취득했다.
　10억 원의 자산을 보유하고 있는 법인의 대표이사가 되었다.
　스물일곱 살에 책을 출간한 작가가 되었다.
　10명의 부원들이 있는 한 공동체의 리더를 맡고 있다.

　누군가에게는 아직 부족한 성과로 보일지도 모른다. 나는 아직 많이 성장해야 하고, 부족한 점이 너무나도 많다. 그래서 나는 앞으로 더 많이 성장하기 위해 노력할 것이고, 다양한 독서와 만남을 통해 더 많은 성공 마인드를 배워 엄청난 부를 소유하고, 그것들을 선하게 흘려보낼 수 있는 부자가 될 것이다.

　앞으로의 내 꿈은 이렇다.

난 3개 법인의 대표이사가 되어 100억 원 자산가가 된다.

내가 모은 자산을 가지고 다른 사람들에게 베풀 수 있는 10개의 파이프라인을 만든다.

나의 엄청난 경험을 적은 내 책이 전 세계에서 수천만 부가 팔리는 베스트셀러의 작가가 된다.

내가 세운 회사에서 일하는 직원들이 즐겁게 일할 맛이 나는 멋진 사무실을 세운다.

나의 모습을 통해 다른 사람들에게 삶의 에너지를 불어넣는 선한 영향력을 끼치는 동기부여 강연가가 된다.

아빠의 부자 마인드를 배운 내가 멋지게 성장하고 있는 모습을 많은 사람과 공유하고 싶다. 내가 어떻게 성장해가고 있는지 궁금한 분들은 나의 유튜브 채널 '성장하는 *꾸꾸*'를 구독하면 될 것이다.

여러분도 부자 마인드를 배워 행복하고 성공한 삶을 살기를 소망한다.

부자 아빠의 성공 DNA

제1판 1쇄 2024년 9월 13일

지은이　　김진실
펴낸이　　한성주
펴낸곳　　㈜두드림미디어
책임편집　우민정
본문 디자인　얼앤똘비악(earl_tolbiac@naver.com)
표지 디자인　배서현

㈜두드림미디어
등록　　2015년 3월 25일(제2022-000009호)
주소　　서울시 강서구 공항대로 219, 620호, 621호
전화　　02)333-3577
팩스　　02)6455-3477
이메일　dodreamedia@naver.com(원고 투고 및 출판 관련 문의)
카페　　https://cafe.naver.com/dodreamedia

ISBN　979-11-94223-10-8 (03190)